OBERPFÄLZER BURGEN

Eine Reise zu den Zeugen der Vergangenheit

Günter Moser · Bernhard Setzwein · Mathias Conrad

OBERPFÄLZER BURGEN

Eine Reise zu den Zeugen der Vergangenheit

BUCH & KUNSTVERLAG OBERPFALZ

Bibliographische Information Der Deutschen Bibliothek
Die Deutsche Bibliothek verzeichnet diese Publikation in der Deutschen Nationalbibliografie; detaillierte bibliografische Daten sind im Internet über http://dnb.ddb.de abrufbar.

überarbeitete 2. Auflage 2009
Mühlgasse 2, 92224 Amberg
Konzept und Buchgestaltung: Günter Moser, 92260 Ammerthal
Satzherstellung: BeSt-Systeme Stefan Bernt, 92237 Sulzbach-Rosenberg
Lithographie: Echtzeit Medien, 90429 Nürnberg
Druck: Druckhaus Oberpfalz, 92224 Amberg

ISBN: 978-3-935719-54-4

Titel: Burgruine Leuchtenberg
Seite 1: Grabmal des Landgrafen Leopold von Leuchtenberg (†1463) in der Pfarrkirche von Pfreimd
Seite 2: Ansicht von Donaustauf, handkolorierte Federlithographie von I. S. Steingrübel,um 1840
Rücktitel: Ruine Wolfstein über Neumarkt

STUMME ZEUGEN *in beeindruckender Landschaft* 8

Landkreis Tirschenreuth
WALDERSHOF – *Einst eine Wasserburg inmitten des Marktfleckens* 10
WEISSENSTEIN – *Mehr als eine „kleine Festungsanlage im Steinwald“* 12
FALKENBERG – *Graf von Schulenburg baute die Ruine wieder auf* 16
WILDENAU – *Eine Burg an der „Goldenen Straße“* 18
WALDECK – *Das Opfer einer verheerenden Feuersbrunst* 20

Landkreis Neustadt an der Waldnaab
NEUHAUS AN DER WALDNAAB – *Einmalig in der Oberpfalz: der Butterfaßturm* 22
LEUCHTENBERG – *Stammburg eines der mächtigsten Geschlechter des Nordgaus* 24
FLOSSENBÜRG – *Eine der spektakulärst gelegenen Burgen Deutschlands* 27
SCHELLENBERG – *Zeitweise ein böhmisches Lehen* 30
SCHLOSS FRIEDRICHSBURG – *Eine ehemalige Wittelsbacher-Residenz wird Kulturzentrum* 34
PARKSTEIN – *Die Burg ist verschwunden, der „schönste Basaltkegel Europas“ blieb* 36

Landkreis Schwandorf
WERNBERG – *Mittelalterliche Consiliums-Atmosphäre mit Edel-Gastronomie* 38
TRAUSNITZ IM TAL – *Wo Friedrich der Schöne von Österreich gefangensaß* 40
REICHENSTEIN – *Ein Burgfräulein, das Verrat beging und keine Ruhe mehr fand* 44
HAUS MURACH – *Erfolglos von den Hussiten belagert* 46
THANSTEIN – *Nach einem Brand blieb nur mehr der Bergfried stehen* 48
BURGLENGENFELD – *Die größte salierzeitliche Burganlage Bayerns* 50
HOF AM REGEN – *Das unerwartete Auftauchen spätgotischer Fresken* 53
STEFLING – *Schauplatz wilder Hexentänze* 54
STOCKENFELS – *Sagen von den büßenden „Biermalefizianten“* 56

Landkreis Cham
SCHWARZENBURG – *Die Geschichte des Heinrich von Guttenstein als Theaterstück* 58
RUNDING – *Einst eine der größten Wehranlagen der südöstlichen Oberpfalz* 60
LICHTENECK BEI RIMBACH – *Bayerwald-Sagenfiguren zu Theaterleben wiedererweckt* 62
FALKENSTEIN – *„Haus des Gastes“, Heimatmuseum und Burghofspiele* 64
REGENPEILSTEIN – *Auf „steilem Stein“ über dem Ufer des Regen* 68
LOBENSTEIN – *Die Hofer von Lobenstein: eine wittelsbachische Ministerialenfamilie* 70
THIERLSTEIN – *Hinaufgebaut auf den Quarzgang des „Pfahls“* 74
KÜRNBURG – *Um 1500 festungsmäßig ausgebaut* 76

Landkreis Regensburg
KALLMÜNZ – *Eine Perle in der Oberpfälzer Burgenlandschaft* 78
BRENNBERG – *Das traurige Ende des Minnedichters Reinmar von Brennberg* 82
SCHLOSS WÖRTH – *Im Besitz des Hochstifts Regensburg wurde aus der Burg ein Schloß* 86
BURG DONAUSTAUF – *Eine Burgkapelle ohne Vergleich* 88
LOCH – *Die einzige Höhlenburg der Oberpfalz* 90
LAABER – *Ein bekannter Minnesänger: Hadamar von Laaber* 92
EHRENFELS – *Berater des Regensburger Bischofs: „Chunradus von Ernvels“* 94
BURG WOLFSEGG – *Oberpfalzweit einmalig: die Dauerausstellung „Burgenleben“* 96

Landkreis Neumarkt
HAIMBURG – *Hoffnungslos verloren: die Überreste einer zum Jagdschlößchen umgebauten Burg* 98
WOLFSTEIN – *Mit dem Landshuter Erbfolgekrieg „im Grunde eingegangen“* 100
HELFENBERG – *Auf den Resten der Burg erbaute Giovanni Antonio Viscardi ein Barockschloß* 104
VELBURG – *Velburger Bürger mauern ihre Ruine wieder auf* 106
HOHENFELS – *Zwei Bergfriede schützten die Burg* 108
PARSBERG – *Alte Burg und neues Schloß* 110
LUPBURG – *Konrad Graf von Lupburg war Bischof von Regensburg* 112

Landkreis Amberg-Sulzbach
BURG DAGESTEIN – *Bamberger Steinmetzen bauten außergewöhnliche Toranlage* 114
BURG EBERMANNSDORF – *Einzigartig in Bayern: ein achteckiger Wohnturm aus der Salierzeit* 116
HEIMHOF – *Paradebeispiel für ein „Festes Haus“* 118
HOHENBURG – *Eine der ältesten Burgengründungen des Nordgaus* 120
KASTL – *Eine wuchtige Klosterburg über der Lauterach* 122
SCHWEPPERMANNSBURG – *Der Alpenverein als Burgherr* 126
SULZBACH – *Einst Mittelpunkt des von Karl IV. geschaffenen „Neu-Böhmen“* 128
BREITENSTEIN – *Die angebliche Doppelkapelle war eine Toranlage* 130
LICHTENEGG – *Eine Ruine mit Panoramablick* 132

DIE BURG ALS BAUWERK – Die Entwicklung des Burgenbaus vom 11. Jahrhundert bis zum Beginn der Neuzeit 134
GLOSSAR 138

Auf einem Felssporn hoch über dem Zusammenfluß von Vils und Naab liegt die ausgedehnte Burgruine Kallmünz.

STUMME ZEUGEN

in beeindruckender Landschaft

Eine der burgenreichsten Gegenden Deutschlands ist unzweifelhaft der ehemalige Nordgau, die heutige Oberpfalz. 52 Wehranlagen werden in diesem Buch vorgestellt, angefangen vom salierzeitlich schlichten, aber umso trutzigeren Wohnturm in Ebermannsdorf bis hin zu Anlagen wie Burglengenfeld und Leuchtenberg, die von beträchtlichen Ausmaßen sind.

52 Anlagen also und dennoch keine vollständige Bestandsaufnahme. Denn nimmt man die oft nur mehr anhand mehr oder weniger ausgeprägter Geländespuren erahnbaren Burgställe und nahezu völlig verfallenen Ruinen hinzu, dann wäre eine solche Vollständigkeit auch nur schwerlich zu erreichen. Dieser Bildband hat indes ein anderes Anliegen: Anhand einer subjektiven Auswahl möchte er sensibilisieren für die Faszination dieser stummen Zeugen, die aus 800-, ja 1000jähriger Vergangenheit sich bis in unsere Gegenwart erhalten haben. Mittlerweile sind sie im wahrsten Sinne des Wortes verwachsen mit den imposanten Landschaften der Oberpfalz, seien es die Wacholderhänge der Alb im Westen oder das waldreiche Grundgebirge entlang der böhmischen Grenze im Osten. Verwachsen aber auch mit der wechselvollen Geschichte des Nordgaus. Begonnen hat es mit dem Burgenbau bereits im 10. Jahrhundert zur Zeit der Ungarneinfälle – damals handelte es sich jedoch in der Regel um Wallburgen.

Die Gründung der meisten Anlagen wird man aber im 12. und 13. Jahrhundert annehmen müssen, wobei man besser von Baubeginn und nicht vollständiger Erbauung spricht, denn die heutige Gestalt einer Burg ist nicht selten das Werk mehrerer Jahrhunderte. Bereits unter den Karolingern hatte sich eine Schicht anfänglich unfreier Adelsfamilien herausgebildet, die sogenannten „Ministeriales", die ihren Landesherren Waffendienste leisteten und im Gegenzug ein Lehen erhielten. Das bedeutete Grund und Boden für eine eigene Nutzung. Obwohl diese Lehen am Anfang der Entwicklung noch nicht vererbbar waren – sie konnten vom Lehnsherr jederzeit wieder eingezogen werden –, begannen die Ministerialen dennoch, den übertragenen Grundbesitz mit einem Burgbau zu „krönen". Krönen ist insofern das richtige Wort, als ab dem 12. Jahrhundert die meisten Burgen auf Hügeln oder Bergen errichtet wurden, in ganz spektakulären Fällen wie Flossenbürg oder Weißenstein sogar auf extrem unzugänglichen Felsklippen. Diese Bauplatzwahl hatte zweierlei Gründe: Einmal garantierte eine solch exponierte Lage größeren Schutz vor Angreifern, zum anderen aber – Stichwort Krone – besaß eine Burg immer auch symbolischen Charakter – oder wie es einer der Väter der Burgenforschung, Wilhelm Pinder, ausdrückte: Eine Burg bauen, bedeutete zweierlei, nämlich „Herrschaft setzen und Schutz gewähren".

Wenn man sich bewußt macht, dass Burgen gewissermaßen für die Augen der Feinde gebaut wurden, versteht man etwas besser ihren Aufbau und ihre Gestalt. Vier Grundelemente sind es, die immer wieder variiert werden: Ringmauer, Tor, Turm und Haus, auch wenn es Fälle gibt, wo beispielsweise die Außenmauer des Palas (Wohnhauses) gleichzeitig die Funktion des abwehrenden Berings erfüllt (siehe Burg Trausnitz im Pfreimdtal) oder wo Turm und Haus, wie im Wohnturm bzw. im Festen Haus, zu einer Einheit verschmelzen.

Die Ringmauer hatte, ganz klar, die Funktion, Angreifer abzuhalten. Wenn ein Eindringen dennoch nicht zu verhindern war – meist über die neuralgische Stelle der Toranlage – dann, so die landläufige Meinung älterer Burgenforscher, war es der hochaufragende Bergfried, der eine letzte Zufluchtsmöglichkeit bot. Er ist seit der Stauferzeit derjenige Teil einer Burg, der am markantesten aus der Gesamtanlage hervorsticht: Fast immer überragt er die anderen Bauteile, auch den mehrstöckigen Wohnbau, den Palas. Seine Mauern, auf quadratischem, aber auch rundem Grundriß in die Höhe gezogen, können eine gewaltige Dicke erreichen, bis zu drei Metern und mehr. Der Einstieg liegt immer deutlich über dem Bodenniveau, war über Holzstiegen und -leitern zu erreichen, die bei einem Angriff abgeworfen oder hochgezogen werden konnten. Ein idealer letzter Zufluchtsort, möchte man meinen. Doch dass der Bergfried „tatsächlich dem Flüchtenden eher wie ein aufrecht stehender Sarg erschienen haben muß, wenn weit und breit nicht mit Entsatz zu

rechnen war", darauf weist zu Recht Joachim Zeune hin, dessen Buch „Burgen – Symbole der Macht" heute als Standardwerk gelten kann. Letzten Endes kommt er zu dem Schluß, dass die Funktion des Bergfriedes eher die eines Statussymbols war, das dem Besitzer einer Burg den adeligen Rang bescheinigte.
Was den Nordgau betrifft, sind es vor allem drei altadelige Geschlechter, die hier eine Rolle spielen: die seit den Zeiten des frühen bayerischen Stammesherzogtums belegten Paponen sowie die Grafen von Sulzbach und die Diepoldinger. Ihre Ministerialen sowie die des Reiches und der bayerischen Herzöge sind es, die nach und nach das dichte Netz von Burgsitzen im Nordgau schufen. Entlang der Donau und hinein in den Vorwald erstreckte sich der Einflußbereich des Regensburger Hochstifts. Die Lehensmänner der Bischöfe saßen auf Burgen wie Donaustauf oder Falkenstein im heutigen Landkreis Cham. Nach und nach etablierte sich die Vererbbarkeit der Lehen, die Ministerialen begannen Zweigburgen zu gründen und ihren Machtbereich durch Heirat und Erbschaft auszubauen. Sie nennen sich jetzt nach ihren Stammsitzen, man findet in den Quellen die Schwarzenburger, die Parsberger oder die Velburger, um nur drei Beispiele anzuführen. Im 13. Jahrhundert ist die Periode des emsigen Burgenbaus im Nordgau weitgehend abgeschlossen.
Zwei weitreichende Ereignisse sind es, die im Fortlauf der Geschichte für das Oberpfälzer Burgenleben, das übrigens auf Burg Wolfsegg in einer Dauerausstellung vorbildlich aufbereitet ist, von besonderer Bedeutung waren: die Hussitenkriege und der Dreißigjährige Krieg. Nach der Verbrennung Jan Hus' im Anschluß an das Konstanzer Konzil 1415 wurde vor allem der Osten des Nordgaus in mehreren Wellen mit Überfällen überzogen, bei denen die radikalisierten Anhänger des böhmischen Reformators Furcht und Schrecken verbreiteten. Doch die meisten Burgen im Land erwiesen sich als haltbare Bastionen und trotzten den wütenden Angriffen. Geradezu legendär ist die Verteidigung der Veste Obermurach. Wir besitzen das literarische Dokument des Ott Ostmann darüber, betitelt „Vom Hussenkrieg ein gesang". Wie weit die Hussiten vordrangen, ersieht man an der Tatsache, dass die Burg Hohenfels im heutigen Landkreis Neumarkt – also ziemlich weit im Westen – von ihnen zerstört wurde, ebenso wie Thanstein bei Rötz oder das direkt an der Grenze im Schönseer Land gelegene Reichenstein. Diese Burg soll aber nur durch den Verrat eines Burgfräuleins gefallen sein.
Dem Anbranden der Hussiten konnten also die Oberpfälzer Burgen noch weitgehend widerstehen. Nicht so jedoch den Truppen des schwedischen Königs Gustav II. Adolf, nachdem dieser 1630 in den Dreißigjährigen Krieg eingegriffen hatte. Seine unerbittliche Soldateska, die alle Schlachten gegen die kaiserlich-habsburgischen Truppen für sich entscheiden konnte – bis auf die eine, in der Wallenstein siegte! – bereitete vielen Oberpfälzer Burgen das endgültige Aus. Entscheidend war, dass seit den Hussitenkriegen die Belagerungsartillerie in ihrer Entwicklung so große Fortschritte gemacht hatte, dass selbst die stärksten Mauern unter ihrem Beschuß zerbrachen. Immer wieder lesen wir in den Quellen, „von den Schweden zerstört, danach nicht mehr aufgebaut, verfallen zur Ruine", so etwa im Falle von Stockenfels im Regental, von Kallmünz und der ausgedehnten Kürnburg bei Cham. Auch Falkenberg erging es nicht anders. Erst in den 30er Jahren des 20. Jahrhunderts nahm sich Graf von Schulenburg der Ruine an und baute sie wieder auf. Heute steht die Burg wieder in vorbildlicher Geschlossenheit auf dem Granitfels über dem Waldnaabtal.
Solche Geschichten gibt es wenige, aber es gibt sie, dass sich nämlich private Besitzer um die Erhaltung dieses großartigen mittelalterlichen Erbes kümmern. Leider gibt es aber auch den umgekehrten Fall, dass Gedankenlosigkeit und Desinteresse dazu geführt haben, dass Burgruinen, die noch vor nicht allzu langer Zeit zu retten gewesen wären, mittlerweile dem vollständigen Verfall preisgegeben sind. Auch davon erzählt dieses Buch. Pars pro toto sei hier die Haimburg bei Neumarkt genannt, aus deren bescheidenen Mauerresten mittlerweile Bäume wachsen, die diese Reste bald auch noch zersprengt haben werden. Daneben gibt es aber auch ehrenamtliches Engagement, wie man es nur loben kann. So etwa im Falle der Burg Weißenstein im Steinwald, wo man schon völlig im Boden versunkene Grundmauern wieder freigelegt hat und zu einem völlig neuen Bild der einst mächtigen Anlage gelangte. Im Grunde muß man um jede Initiative froh sein, die das ehemals so reiche Burgenleben der Oberpfalz wieder ins Bewußtsein rückt. Und dazu gehören sicher auch die zahlreichen Burgfestspiele, die mittlerweile zu einem festen Bestandteil des alljährlichen Kulturkalenders der Oberpfalz geworden sind.

WALDERSHOF

Einst eine Wasserburg inmitten des Marktfleckens

Dass eine Burg oder ein Schloß nicht immer auf steilem Felsenriff stehen muß, beweist das Beispiel Waldershof. Als Abschluß des früheren Straßenmarktes steht das ringförmige Gebäudeensemble mit seinen Fachwerkaufbauten mitten im Ort. Es ist wohl hervorgegangen aus einem Weiherhaus und entwickelte sich dann zu einem stattlichen Wasserschloß, wovon man allerdings heute kaum mehr eine Vorstellung hat: der ehemalige Schloßweiher, gespeist vom Kösseinebach, ist nämlich längst trockengelegt. Einst dürfte sogar noch ein Ringwall die Wasserburg geschützt haben. Auch davon ist nichts mehr zu sehen. Ein Wartturm an der Nordostecke des Berings ist 1823 abgetragen worden. Von ihm aus wird man einen guten Kontrollblick ins Waldershofer Tal gehabt haben.
Der Erbauer von Schloß Waldershof ist uns nicht bekannt. Auch ein genaues Entstehungsdatum ist nicht faßbar, man nimmt jedoch die Jahre um 1100 als Erbauungszeit an. Einmal mehr begegnen uns die Landgrafen von Leuchtenberg als die frühesten Besitzer. In einer Urkunde des Klosters Waldsassen, dem sogenannten Kopialbuch, findet man eine Dokumentenabschrift, in der erklärt wird, dass Landgraf Friedrich von Leuchtenberg, der zu dieser Zeit Herr von Waldershof war, seinen Besitz den Zisterziensern abgetreten hat. Eigens wird noch betont, dass dies mit Einwilligung seines Bruders Gebhard geschah – ihn werden wir noch im Kapitel zur Burg Waldeck als ersten urkundlich faßbaren Besitzer „Gebhardus des Waldekke“ kennenlernen. Alles Indizien für die besondere Stellung dieses Landgrafengeschlechts im Nordgau.
Bis zur Säkularisation im Jahre 1802 blieb Waldershof in Händen der Ordensbrüder von Waldsassen. Dann fiel es dem bayerischen Staat zu, und der schenkte in Person von Kurfürst Max Joseph, der nur ein Jahr später erster bayerischer König werden sollte, 1805 den Gebäudekomplex samt umfangreicher Schloßgründe dem Markt Waldershof. Der teilte Wiesen, Weiher und Gebäude auf und veräußerte sie einzeln an Privatpersonen. Das Schloß ist seit 1929 im Besitz der Familie Greger, die es noch heute bewohnt.
Auch mit Hilfe des Verkaufserlöses nahm die Marktgemeinde Waldershof einen erfreulichen Aufschwung. Das älteste Wirtschaftsunternehmen des Ortes ist das 1885 von August Mayer gegründete Sägewerk. Richtiggehender Industriestandort wurde Waldershof allerdings erst durch die Errichtung der Porzellanfabrik Haviland im Jahre 1907. Zeitweise arbeiteten hier über 100 Beschäftigte. Heute gibt es leider nur noch einen Werksverkauf in Waldershof, seit die Produktionsstätten nach Speichersdorf ausgelagert wurden. Aber den sollte man sich ruhig genauso eingehend zu Gemüte führen wie die Gaststätte im ehemaligen Kommunbrauhaus. Auch dies – das gemeindliche Brauhaus – ist noch eine weitere Attraktion des Ortes. Die früheste Kommunbrauerei Waldershofs datiert aus dem 15. Jahrhundert und stand noch im sogenannten Badgarten. Beim Brand von 1748 wurde sie zerstört. Nachdem auch ein zweites Brauhaus den Flammen zum Opfer fiel, probierte man 1871 sein Glück erneut mit einem Standort beim Stadelweiher. Hier wurde noch bis 1985 Bier gebraut. Heute ist dort, nach Renovierung, wie gesagt eine stilvolle Gaststätte eingezogen.

um 1100	um diese Zeit wird die Entstehung eines Weiherhauses bzw. einer Wasserburg Waldershof angenommen
1263	in einer Urkunde des Klosters Waldsassen wird festgehalten, dass Landgraf Friedrich von Leuchtenberg Waldershof den Zisterziensern überträgt; das Schloß bleibt jahrhundertelang im Besitz des Ordens
1802	im Zuge der Säkularisation fällt Waldershof an das Kurfürstentum Bayern
1805	Kurfürst Max Joseph schenkt das Schloß dem Markt Waldershof, der es an Privatleute verkauft

Erst in jüngster Zeit wurden umfangreiche Sanierungsarbeiten am Schloß durchgeführt. An der Südseite, bei der Kapelle St. Johannes Nepomuk, hat man einen schönen Ausblick zur Kösseine im Fichtelgebirge.

WEISSENSTEIN

Mehr als eine „kleine Festungsanlage im Steinwald“

Am Beispiel der Ruine Weißenstein kann man sehen, zu welch erstaunlichen Ergebnissen ehrenamtliches Engagement, idealistisches Interesse an der Geschichte der eigenen Region und – im positiven Sinne – nicht zu bremsender Grabungseifer sogenannter Laienarchäologen führen kann. Seit 1996 hat man unter Leitung der sehr rührigen heimatkundlichen „Gesellschaft Steinwaldia Pullenreuth“ umfangreiche, in sieben Bauabschnitten durchgeführte Sanierungsarbeiten vorgenommen. Was der Verein in seinem „Wir am Steinwald“ betitelten Mitteilungsblatt dazu abschließend schreibt, ist kein Eigenlob, sondern nüchterne Feststellung: „Die Burgruine präsentiert sich dem Besucher in einer vorher nicht zu erwartenden Größe und Aussagekraft. Die ehedem als ‚kleine Festungsanlage im Steinwald‘ beschriebene Burgruine Weißenstein zeigt nun dem Besucher ihre wirklichen beeindruckenden Ausmaße.“
Dass Burg Weißenstein auf eine knapp 800jährige Geschichte zurückblicken kann, beweist eine urkundliche Eintragung aus dem Jahre 1279. Damals tritt ein „Wolff de Wisstenstein“ als Zeuge auf. Nicht recht viel später übernimmt allerdings die im Nordgau beinahe überall anzutreffende Familie der Nothaft die Burg. Albrecht VI. Nothaft schlägt sich dummerweise in der Auseinandersetzung zwischen König Ludwig dem Bayern und Friedrich dem Schönen auf die Seite des Österreichers, findet sich also wieder bei der Partei der Verlierer. Aber schon sein Sohn erhält von Ludwig sämtliche Lehen zurück. Der Kaiser, der sich ja auch mit seinem Vetter Friedrich nach dessen Niederlage friedlich arrangierte, zeigte Milde. Er war der Meinung, „daz im [dem Sohn] alle krieg, die sein vater gen vns gehabt hat, dar an nit schaden sullen“.
Im 14. und 15. Jahrhundert gelingt es den Nothafts noch, die Herrschaft Weißenstein auszuweiten und zu festigen, im 16. Jahrhundert aber beginnt langsam der Verfall. Wie so vielen anderen Burgen im Nordgau ergeht es auch Weißenstein nicht recht viel anders, als dass es regelrecht im Boden versinkt. Überwachsen, zugeweht und zugeschwemmt von starkem Regen verschwinden die Reste eingefallener Mauern im Erdreich. Gut 200 Jahre später wußte niemand mehr zu sagen, wo eine bestimmte Mauer, wo dieser und jener Turm stand. Ja, zum Teil wußte man von der Existenz einzelner Gebäudeteile gar nichts mehr.
Denn Darstellungen aus so weit zurückliegender Zeit, die den alten Zustand abbilden, gibt es kaum. Im Fall von Weißenstein ist das sehr schön dokumentiert, auf welche Zufälle man oft angewiesen ist, um überhaupt zu Funden zu kommen. Bis in das Hauptstaatsarchiv nach Prag hat es 1994 Harald Stark, ein Mitglied der „Steinwaldia“, verschlagen, auf der Suche nach zeitgenössischem Karten- und Urkundenmaterial. Und tatsächlich entdeckte er an der Moldau eine alte Darstellung von Burg Weißenstein, auf der im Nordosten der Maueranlage – genauer des äußeren Berings – ein hoher Turm eingezeichnet war. Zwar hatte man die Fundamente eines solchen Turms schon vermutet – sehen konnte man von ihnen gar nichts mehr –, nun aber war man sicher, wo man graben mußte. Dank diverser Geldgeber, nicht zuletzt des heutigen Besitzers von Weißenstein, Freiherrn von Gemmingen-Hornberg, konnten die Mauerfundamente unter Wurzeln und Erdreich freigelegt werden. Jetzt sind sie verfestigt und zum Teil ergänzt und ergeben, wie eben zu Anfang erwähnt, ein ganz neues, vollständigeres Bild von Burg Weißenstein.

1279	erste urkundliche Erwähnung eines „Wolff de Wisstenstein“
um 1300	die Familie Nothaft erwirbt Teile der Burg und bleibt bis 1882 im Besitz der Herrschaft Weißenstein mit den Hofmarken Friedenfels und Poppenreuth
1882	die Burgruine geht über in den Besitz der Familie des Freiherrn von Gemmingen-Hornberg, die bis heute Eigentümer ist
1996	Beginn umfangreicher Sanierungsmaßnahmen, die unter ehrenamtlichem Einsatz der „Gesellschaft Steinwaldia e.V.“ durchgeführt werden; u. a. Freilegung von Grundmauern

Vom Bergfried der Ruine Weißenstein hat man eine umfassende Aussicht auf die nördliche Oberpfalz. Übertroffen wird dieser Blick nur noch vom Oberpfalzturm auf der 946 m hohen Platte. Empfehlenswert ist der Aufstieg zur Ruine vor Sonnenaufgang. Das Erlebnis des aufsteigenden Sonnenballs über dem Grenzkamm bei Neualbenreuth ist allemal die Mühe wert.

Im Laufe der letzten Jahre hat sich die Ruine Weißenstein sehr verändert – zum Guten muß man sagen. Die „Gesellschaft Steinwaldia" hat hier Vorbildliches geleistet und in mehrjähriger Arbeit ausgegraben und gesichert, saniert und zu guter Letzt noch dem Bergfried eine neue Mauerkrone aufgesetzt. Granitfelsen und Mauerwerk wachsen förmlich ineinander.

FALKENBERG

Graf von Schulenburg baute die Ruine wieder auf

Burg Falkenberg sollte man sich langsam nähern. Am besten erst einmal einkehren, zu Füßen der Burg, im schlichtweg einzigartigen Gasthof „Zum roten Ochsen", der als einer der ältesten in ganz Bayern gilt. Über 500 Jahre soll er auf dem Buckel haben. Dort sollte man erst einmal von unten her die Burg bestaunen, wie sie so aufragt, haargenau auf einem Felssporn über der Waldnaab, in dessen Wassern sie sich an sonnigen Tagen besonders eindrucksvoll spiegelt.

Übergangslos aus der natürlichen Schichtung mächtiger Granitblöcke in das Mauerwerk der Wohntrakte übergehend – eine Ringmauer braucht es da nicht mehr –, erhebt sich die Burg in selten anzutreffender Geschlossenheit. Dass die ganze Anlage so einen makellosen Anblick bietet, hat sie vorrangig Graf Werner von der Schulenburg zu verdanken. Denn Burg Falkenberg war keineswegs immer in einem solch tadellosen Zustand. Der Burg ging es wie so vielen in der Oberpfalz: Nach den Wirren des Dreißigjährigen Krieges – die Schweden waren als Besatzer dagewesen – verwahrloste die herrenlose Anlage. Bis schließlich die Bauern ringsherum nicht mehr länger einsahen, warum man sich da nicht bedienen sollte, mit Baumaterial. Die Westflanke wurde fast völlig abgetragen, von der Burgkapelle blieb nur mehr der gotische Altarbogen stehen. Die Burg war bloß noch ein ruinöser Rest.

Und so fand sie also Graf von der Schulenburg 1937 vor. Der damalige Botschafter des Hitlerregimes in Moskau machte sich daran, die Burg wieder aufzubauen, ja sie sogar wieder bewohnbar zu machen. (Noch heute ist sie in Privatbesitz der Familie und bewohnt, kann allerdings zu bestimmten Zeiten besichtigt werden.) Er selbst konnte seine Passion – das Burgenleben – nur wenige Jahre genießen. Der Graf gewann die immer festere Überzeugung, gegen das Hitlerregime vorgehen zu müssen, und kam so in den Umkreis der Widerständler vom 20. Juli 1944. Wenn das geplante Attentat auf Hitler erfolgreich gewesen wäre, hätte sich Graf von der Schulenburg als Außenminister der neuen Regierung zur Verfügung gestellt. Bekanntlich kam alles ganz anders. Der Graf wurde in Berlin-Plötzensee hingerichtet.

Die Burg geriet daraufhin in die Hand der Waffen-SS und wurde zu einer Außenstelle des KZs Neustadt. Häftlinge wurden bei lebendigem Leibe in den Brunnenschacht geworfen und kamen dort elend um. Wenn man heute eine Führung des „Forums Falkenberg" mitmacht, wird man auch über diese grausamen Schattenseiten informiert. Heute stellt die Burg ihre imposanten Räumlichkeiten für Konzerte, Theateraufführungen und Lesungen zur Verfügung.

1154	erstmalige Erwähnung eines „Pilegrin de Valkenberch", die Burg scheint schon früher erbaut worden zu sein
1280	Landgraf Gebhard von Leuchtenberg taucht als neuer Burgherr urkundlich auf, er verpfändet später Falkenberg an Kloster Waldsassen
ab 1571	in kurpfälzischem Besitz
1693	Belagerung durch die Schweden, danach Ruine
1935	Friedrich Werner Graf von Schulenburg erwirbt Falkenberg und versetzt die Burg wieder in einen bewohnbaren Zustand

Auf wuchtiger Granitbastion thront Burg Falkenberg über der Waldnaab. Auch wenn sie früher um ein Fachwerkgeschoß höher war, wie auf der um 1620 entstandenen Zeichnung zu sehen ist, vermittelt sie immer noch den Eindruck einer wehrhaften und stolzen Anlage.

WILDENAU

Eine Burg an der „Goldenen Straße“

Wildenau, das man in den Quellen auch als Veste und später als Schloß bezeichnet findet, ist von seinem Ursprung her eine hochmittelalterliche Burganlage. 1125 wird sie das erste Mal erwähnt. Ihre Grundmauern stammen demnach aus salischer Zeit. Gründer der Burg dürften die Grafen von Sulzbach gewesen sein, die sie mit einem Ministerialen besetzten. Wie damals üblich, benannte sich der nach seinem Sitz, also Wildenauer. Noch im 12. Jahrhundert gelangte die Burg in die Hände der Staufer. Später führte die „Goldene Straße“ zwischen Nürnberg, Eger und Prag direkt an Wildenau vorbei. Der älteste Teil der Burganlage ist der aus Buckelquadern gemauerte Bergfried, der heute als Glockenturm der evangelischen Kirche genutzt wird. In den Hussitenkriegen wurde die Burg um 1430 zerstört, danach in der heutigen Form wieder aufgebaut.
Mitte des 14. Jahrhunderts wurde Wildenau vorübergehend dem Königreich Böhmen einverleibt, nach dem Landshuter Erbfolgekrieg geriet es an das neugeschaffene Herzogtum der „Jungen Pfalz“ mit seinen beiden Zentren Neuburg an der Donau und Sulzbach. Wildenau gehörte zum Sulzbacher Landesteil. Trotzdem blieb es bis zum Ende des Alten Reiches 1806 in Lehensabhängigkeit zur Krone Böhmens, eine Abhängigkeit, die rechtlich nicht eindeutig fixiert war und daher Anlaß für ständige Auseinandersetzungen wurde.

Aus dem ehemaligen Roßstall ist jetzt ein stilvoller und repräsentativer Raum geworden.

Als die gesamte Oberpfalz sich zur neuen Lehre Martin Luthers bekannte, wurde auch Wildenau mit einem protestantischen Prädikanten besetzt. Das änderte sich erst 1652 mit der Konvertierung Herzog Christian Augusts von Sulzbach zum Katholizismus. Logischerweise hätten ihm seine Untertanen bei diesem Religionswechsel folgen müssen, galt doch jahrhundertelang der Grundsatz „cuius regio eius religio“. Doch so kurz nach Beendigung des Dreißigjährigen Krieges war man toleranter. Der Herzog ließ jedem seinen Glauben und führte in seinen Landen das Simultaneum ein, das heißt Lutheraner und Katholiken bekamen die gleichen Rechte, nutzten Kirche und Friedhof gemeinsam (simultan) und teilten sich die pfarrlichen Einkünfte.

In Weiden wurde das Simultaneum 1902, in Wildenau sogar erst 1908 gelöst, und Katholiken und Protestanten bauten sich ihre eigenen Gotteshäuser. Die Kirche in der Burg aber wurde als Stall zweckentfremdet. Der Rest der Anlage verfiel mehr und mehr und 1982 brach die Nordwand fast völlig ein. 1994 begann man mit einer umfangreichen Sanierung, die so behutsam und beispielgebend war, dass sie 2004 mit dem Denkmalpreis der Hypo-Kulturstiftung ausgezeichnet wurde.

1125	erste urkundliche Erwähnung
seit 1329	mehrmaliger Wechsel der Landeszugehörigkeit; kurioserweise bleibt Wildenau dabei bis 1806 in einer Lehensabhängigkeit zur Krone Böhmens, der sie 1350 vorübergehend zugeschlagen worden war
um 1430	Zerstörung der Burg durch die Hussiten, danach Wiederaufbau
1652	konvertiert Herzog Christian August von Sulzbach zum Katholizismus, nachdem die Oberpfalz lange Zeit lutherisch war; er führt das Simultaneum ein, das in Wildenau bis 1908 Bestand hat
1982	ab dem 19. Jahrhundert verfällt die Burg zunehmend
1994	Beginn einer behutsamen und umfangreichen Renovierung, die 2004 mit dem Denkmalpreis der Hypo-Kulturstiftung ausgezeichnet wird

„Aus der Verantwortung als Historiker und aus Verantwortung der Heimat gegenüber", so Dr. Konrad Ackermann, wurde die Burg in Wildenau vor dem völligen Verfall gerettet.

WALDECK

Das Opfer einer verheerenden Feuersbrunst

Richtig possierlich sieht das aus, wie da einerseits die Pulverdampfwölkchen der Verteidiger aus den Schießscharten der Burgtürme herauspuffen und wie andererseits ein zarter Strich die Flugbahnen der Geschosse andeutet, die die Belagerer aus Geschützstellungen heraus abschießen in Richtung der auf der Bergkuppe gelegenen Veste. Beinahe wie ein Comic, könnte man meinen. Tatsächlich aber handelt es sich um ein Kupferstichblatt aus dem „Historischen und Politischen Mercurius", und was darauf dargestellt wird, ist die „Belagerung und Beschießung der Burg Waldeck im Jahre 1704", wie die Bildlegende informiert. Damals war man am Beginn des immerhin über zwölf Jahre dauernden Spanischen Erbfolgekrieges, und in dessen Verlauf drangen mehrfach österreichische Truppen auch in die Oberpfalz ein. In der Chronik von Burg Waldeck liest man, dass die Veste damals eingenommen und zerstört worden sei. Eine mächtige Anlage war das, folgt man der Ansicht im „Mercurius", mit einem inneren und äußeren Mauerring, mit mehreren Wehrtürmen und einem mächtigen Palas. Und man muß dem „Mercurius" folgen, denn heute findet man von all dieser Herrlichkeit nur mehr ganz wenig. Ein paar spärliche Mauerreste, die aber zumindest die Anordnung der Gebäude erahnen lassen.

Dieser ruinöse Zustand rührt aber nicht von den Verwüstungen des Spanischen Erbfolgekrieges her. Waldeck ist damals noch einmal wiederaufgebaut worden. Ein fürchterlicher Brand im Jahre 1794 war es, der nicht nur die Burg, sondern auch den Markt Waldeck zerstörte. Die ausgebrannte Burg ließ man restlos verfallen, den Marktflecken gründete man neu, rund um die Wallfahrtskirche St. Johannes Nepomuk, die bereits 1730 von dem Landrichter zu Kemnath, Freiherr Ignaz Anton von Otten, gestiftet worden war. Er ließ sie außerhalb von Waldeck nördlich vom Schloßberg errichten. Das war der Grund, warum sie von der Feuersbrunst verschont blieb.

Für die Burg indes war dieses schreckliche Ereignis, das in der Nacht zum 25. März 1794 stattfand, das Aus. Dabei war Waldeck eine der ältesten Burgen im ganzen Nordgau. Man nimmt an, dass ihre Entstehung bis in das 10. Jahrhundert zurückreicht, auch wenn die früheste urkundliche Nennung erst 1124 erfolgt. Da wird die Burg Waldeck als zum Besitz der Grafen von Leuchtenberg gehörig aufgeführt. Vermutlich war sie neben der Stammburg in Leuchtenberg deren wichtigster Sitz.
Was man heute auf dem Schloßberg noch vorfindet, sind vor allem Reste von Grundmauern, aber auch ein Teil der Toranlage und der in der Vorburg gelegenen St.-Ägidius-Kapelle. Einen Aufstieg auf die knapp 650 Meter hohe Erhebung sollte man dennoch nicht versäumen. Man hat einen prächtigen Ausblick von dort oben und man lernt einen für dieses Gebiet der Oberpfalz typischen Basaltkegel kennen. Hierbei handelt es sich um Vulkanruinen, bei denen die nicht ganz bis an die Erdoberfläche gedrungenen Basaltschlote im Laufe der Jahrmillionen durch Erosion freigelegt worden sind.

1124 Burg Waldeck wird als Besitz des Landgrafen von Leuchtenberg urkundlich erwähnt, die Erbauung könnte jedoch bis ins 10. Jahrhundert zurückreichen

1283 Herzog Ludwig der Strenge von Bayern kauft nach Erlöschen der Leuchtenberger Herrschaft auf Waldeck die Burg

1329 nach der Teilung des Herzogtums fällt Waldeck an die rheinpfälzische Linie der Wittelsbacher

1628 nach der Vereinigung der „Oberen Pfalz" mit Altbayern kommt Waldeck in den Besitz von Kurfürst Maximilian

1704 im Verlauf des Spanischen Erbfolgekrieges Einnahme und Zerstörung der Burg Waldeck; anschließend Wiederaufbau

1794 eine verheerende Feuersbrunst zerstört Markt und Burg Waldeck; letztere seitdem Ruine

Teils saniert, teils seit Jahren immer noch Baustelle, so empfängt die Ruine Waldeck den Besucher. Auf einer Informationstafel erfährt man viel über die Geschichte und staunt über die Abbildung mit den eingezeichneten Flugbahnen der Kanonenkugeln, als im Spanischen Erbfolgekrieg die Burg beschossen wurde.

NEUHAUS AN DER WALDNAAB

Einmalig in der Oberpfalz: der Butterfaßturm

Eben war vom weit verzweigten Besitz der Leuchtenberger die Rede. Zu ihm gehörte auch Burg Neuhaus an der Waldnaab. Eigentlich müßte man sagen über der Waldnaab, denn imposant erhebt sich das in seiner jetzigen Gestalt aus dem 17. Jahrhundert stammende Schloß auf einer an drei Seiten steil zum Flußtal hin abfallenden Felskuppe. Entstanden ist es aus dem Palas einer von den Leuchtenbergern in der ersten Hälfte des 14. Jahrhunderts erbauten Burg, von der nicht mehr viel übrig geblieben ist – bis eben auf eine Besonderheit. Die aber ist dafür einmalig in der Burgenlandschaft der Oberpfalz. Es handelt sich um den sogenannten Butterfaßturm, und der Name deutet an, was diese Einmaligkeit ausmacht: Der Turm hat die Form eines Butterfasses.

Ein Butterfaß besteht aus einem hohen Hohlzylinder mit nicht sehr großem Durchmesser und dem sogenannten Rührstab, den man allerdings nicht rühren, den man nur auf und ab bewegen kann. Er ist mit Hilfe eines Deckels, der in der Mitte ein Loch hat, fixiert. Wenn also der Rührstab im Butterfaß steckt, könnte man sagen, habe es ungefähr dieselbe Silhouette wie auch der Butterfaßturm in Neuhaus. Der ist nämlich aus zwei zylinderförmigen Teilen gemauert, der untere aus Granitquadern und einzelnen Buckelquadern (evtl. wiederverwendet von einem anderen Bau), der obere, wesentlich dünnere, aus kleineren Bruchsteinen. Der Hocheingang besitzt ein spitzbogiges Portal. Dieses Detail aus gotischer Zeit als auch das wenig sorgfältige Mauerwerk deuten darauf hin, dass der Turm im frühen 14. Jahrhundert erbaut wurde. Er war der Bergfried und sicherte die Zugangsseite. Auf dem Absatz zwischen den beiden Turmteilen verlief früher ein Wehrgang, ebenso im oberen dünneren Teil, der über einen Außenaufgang zu erreichen war. Beide Wehrgänge dürften eine mit Zinnen besetzte Brustwehr besessen haben.

Burg Neuhaus war für die Leuchtenberger sicher nur eine Nebenburg, weniger ein Rittersitz, denn ein befestigtes Jagdschloß. Allzu groß scheint das Interesse der Besitzer daran nicht gewesen zu sein, wiederholt wurde die Burg an das Kloster Waldsassen verpfändet, die bedeutende Urzelle für die Christianisierung des Egerlandes und des Nordgaus. 1515 wurde Neuhaus schließlich ganz an das Kloster Waldsassen verkauft. Das Wohngebäude in seiner heutigen Form entstand zu Anfang des 17. Jahrhunderts.

Im Zuge der Säkularisation ging Neuhaus 1803 in privaten Besitz über. 17 Jahre später kaufte die Gemeinde das Objekt für 600 Gulden und richtete eine Schule dort ein. Ein schweres Schicksal traf den Ort, als am 17. Juni 1887 ein Großfeuer ausbrach und Neuhaus bis auf wenige Häuser niederbrannte. Doch die Gemeinde erholte sich wieder. 1972 erfolgte die Eingemeindung in die Stadt Windischeschenbach. Auch für die Burg fand man eine neue Nutzung. 1985, nach einer Renovierung der Anlage, zog hier das volkskundliche Waldnaabtal-Museum ein. Neben eigenen Abteilungen zu den Themen „Haushalt früher“ und altes Kinderspielzeug ist es vor allem der Ausstellungsteil „Altes Handwerk“, der Aufmerksamkeit erregt. Erfährt man hier doch alles, was rund um das Glashandwerk interessant ist, ein frühindustrieller Zweig, der für den gesamten bayerisch-böhmischen Grenzbereich einmal von großer Bedeutung war. Neuhaus liegt nicht umsonst an der vor einigen Jahren vom Tourismusverband Ostbayern konzipierten „Historischen Glasstraße“. – Seit 1986 bietet die Laienspielschar Windischeschenbach auf der Naturbühne Theateraufführungen an.

14. Jh.	die Landgrafen von Leuchtenberg erbauen Burg Neuhaus; nachdem die Burg schon mehrfach an das Kloster Waldsassen verpfändet worden war, geht sie durch Verkauf endgültig in den Besitz des Stifts über
17. Jh.	der schloßartige Wohnbau in seiner heutigen Gestalt entsteht
1820	die Gemeinde Neuhaus kauft nach der Säkularisation die Burg
1985	nach Renovierungen Einzug des Waldnaabtal-Museums in den Wohnbau

Der Turm der Burg Neuhaus mit den beiden übereinanderliegenden, zylinderförmigen Bauteilen deckte die Angriffsseite. Er gehört zu den seltenen Butterfaßtürmen. Zugänglich war er einst von der Hofseite her über den Hocheingang auf dem Turmabsatz, der eine steinerne Brustwehr trug.

LEUCHTENBERG

Stammburg eines der mächtigsten Geschlechter des Nordgaus

Leuchtenberg, voll Überschwang auch als die „Akropolis der Oberpfalz" bezeichnet, gehört zu den am besten erhaltenen Burganlagen im ehemaligen Nordgau – und zu einer der bedeutendsten, war sie doch einmal Stammsitz der Landgrafen von Leuchtenberg. Das mächtige Geschlecht mit weit verzweigtem Besitz taucht ab dem 12. Jahrhundert in den Urkunden auf, die ersten Nennungen erfolgen in Verbindung mit den Gründungen der Klöster Reichenbach (1118) und Walderbach (1143). Zu dieser Zeit hat es bereits eine frühe Stammburg auf dem Burgberg von Leuchtenberg, steil über dem Fluß Luhe gelegen, gegeben. An Stelle dieser alten Anlage wurde um 1300 herum die heutige Burg von Grund auf neu errichtet und in der Folge sukzessive erweitert. Mit diesem Ausbau einher ging der Aufstieg der Leuchtenberger: 1158 wurden sie in den Grafenstand erhoben, 1196 zu Landgrafen ernannt und im 15. Jahrhundert gar Reichsfürsten. Doch zu diesem Zeitpunkt wurde die Burg schon nur mehr von einem Pfleger verwaltet, denn 1332 hatten die Leuchtenberger sich in Pfreimd ein repräsentatives Residenzschloß gebaut.

Dass sie ihren alten Stammsitz dennoch nicht völlig aus dem Auge verloren und für Kriegszeiten als Rückzugsmöglichkeit behielten, beweist die Tatsache, dass sie noch in der ersten Hälfte des 15. Jahrhunderts die Burg stärker befestigten und eine Zwingeranlage um sie herumzogen. Die mit mehreren Schalentürmen bewehrte und aus regellosen Bruchsteinen errichtete Mauer zeigt durchgehend Steigbügelscharten, die kennzeichnend sind für die Zeit der Hussiteneinfälle. Im Norden befindet sich das Tor der Burg, an dem es ehemals eine Zugbrücke gegeben haben muß. Man erkennt zumindest noch eine Öffnung für das Zugseil sowie den Mauerfalz, in den die hochgezogene Brücke „hineinklappte". Gleich hinter dieser Toranlage folgt eine zweite, ältere, die den Durchlaß durch die innere Ringmauer gewährte. Ein schönes Detail an diesem gotischen Torturm ist eine deutlich zu erkennende Führungsrinne, in der das hölzerne Fallgitter lief – eine seltene Einrichtung auf Oberpfälzer Burgen. Links vom Tor, direkt in die Ringmauer integriert, findet man die Burg-

Mystisch fast und geheimnisvoll zeigt sich die Silhouette von Leuchtenberg im Licht der untergehenden Sonne.

Aus bescheidenen Anfängen in der Salierzeit entstanden, ist die Burg Leuchtenberg im Laufe ihrer Geschichte immer mehr ausgebaut und befestigt worden. Selbst noch als Ruine beeindruckt die Anlage durch ihre Mächtigkeit.

Westansicht der Burg Leuchtenberg auf einer aquarellierten Federzeichnung, datiert 1588/89, die „wegen Grenzstreitigkeiten bei der Kirche Heilige Stauden" entstand. (StAA Plansammlung 256)

Zu einem Besuchermagneten sind die Burgfestspiele geworden. Hier eine Szene aus dem bekannten Volksstück „Der Brandner Kaspar".

kapelle mit steilem Zeltdach. Ihre Ursprünge reichen in die Hauptbauphase um 1300 zurück, wie das frühgotische Lanzettfenster im Ostchor zeigt. Betritt man das unregelmäßig viereckige Kirchenschiff (hier gibt es eine interessante Dauerausstellung zu den Leuchtenbergern), fällt einem sofort die runde Mittelsäule auf, aus deren Inschrift man erfährt, dass die Kapelle von Landgraf Leopold „im Jahre des Herrn 1440" renoviert wurde.
Aus der Kapelle heraustretend wenden wir uns nach links in den inneren Burghof und haben den mächtigen, aus Granitquadern gemauerten, stauferzeitlichen Bergfried vor uns. Sehr schön zu sehen, wie er direkt auf dem Granitfelsen aufsitzt. In der Verlängerung einer nordsüdlichen Achse vom Tor über den Bergfried finden wir den dreigeschossigen Palas mit trapezförmigem Grundriß, entstanden um 1300. Was sich an ihn in westlicher Richtung anlehnt, sind Wirtschafts- und Wohngebäude jüngeren Datums, die teilweise unterkellert sind.
Während des Dreißigjährigen Krieges wurde die Burg mehrfach geplündert. Es zeigt sich damit auch am Beispiel von Leuchtenberg, was sich generell über Burgen sagen läßt, dass sie nämlich spätestens ab dem 16. Jahrhundert der zunehmend effizienter werdenden Belagerungsartillerie nicht mehr standhalten konnten. Mochten ihre Mauern noch so imposant sein wie eben auch die von Burg Leuchtenberg!

11./12. Jh.	Errichtung der Burg Leuchtenberg
1124	erste urkundliche Erwähnung mit Gebhard I. von Leuchtenberg
um 1300	Neubau der Burg in ihrer heutigen Gestalt
1332	die Leuchtenberger verlegen ihren Hauptwohnsitz nach Pfreimd
1846	ein verheerender Brand zerstört Markt und Burg Leuchtenberg
seit 1982	alljährliche Aufführungen der Leuchtenberger Burgfestspiele, organisiert von der Stadtbühne Vohenstrauß

FLOSSENBÜRG

Eine der spektakulärst gelegenen Burgen Deutschlands

Stolze 750 Meter richtet sich der Burgberg von Flossenbürg auf. Oben gibt es eine kleine Hochfläche und dann noch ein ungefähr 20 Meter hohes Felsriff aus zyklopischen Granitblöcken, das vor allem auf seiner Nordseite nahezu senkrecht zum Tal hin abstürzt. Und genau dort oben – sozusagen auf Kante gemauert – steht die Kernburg, der älteste Teil der Anlage. Sie bestand aus einem im Grundriß trapezförmigen Wohnturm mit einem kleinen Vorhof und war nur über in den Fels gehauene Treppen und durch mehrere, wahrscheinlich hölzerne Zwischentore zu erreichen: Eine höchst spektakuläre, aber natürlich auch eine vor Angreifern sehr sichere Lage.

Wie bei vielen anderen Burgen, so läßt sich auch an der Anlage von Flossenbürg sehr schön ihr Wachsen ablesen. Im späten Mittelalter kam jener Teil unterhalb der bereits um 1100 von Graf Berengar I. von Sulzbach erbauten Kernburg hinzu. Er nutzt den im Vergleich zu dem Felsennest viel reichlicheren Platz auf dem Plateau aus. Wirtschafts- und Wohnkomplexe wurden hier errichtet, ein Saalbau läßt

sich ebenso nachweisen wie die noch heute zu besichtigende Zisterne. Dieser Teil wurde durch eine Wehrmauer mit mächtigem Batterieturm gesichert. Zwischen ihm und dem älteren auf dem Felskamm liegt der ausgedehnte äußere Hof, den man nur über eine Toranlage erreicht, die sich südlich zwischen die jüngere Baugruppe und dem steil abfallenden Gelände zwängt. In gewisser Weise noch Rätsel gibt der mächtige spätromanische Turm im Nordosten auf, der etliche Meter außerhalb der Anlage steht. Ein Kamin und ein Aborterker legen nahe, dass es sich um einen Wohnturm gehandelt hat. Er bildete kein Vorwerk der Burg, sondern war vielleicht Sitz eines Ministerialen, dem die Burghut oblag. Der berühmteste Besitzer von Flossenbürg war Kaiser Friedrich Barbarossa. Dass er jemals auf der Anlage geweilt hat, läßt sich aber nicht nachweisen. Jedoch weiß man, dass er von Graf Gebhard II., der ohne männliche Nachkommen geblieben war, die Befestigung im Jahre 1188 übernommen hat. Was ihm sicher gut ins Konzept paßte: Flossenbürg sicherte nämlich den Weg zur Kaiserpfalz in Eger. Genauer gesagt zur kurz darauf entstehenden Kaiserpfalz. Denn um 1190 herum, nimmt man an, begann Barbarossa mit dem Bau der imposanten Egerer Kaiserburg. Bis 1251 blieb Flossenbürg im Besitz der Staufer. Dann begann der Streit zwischen den Wittelsbachern und den böhmischen Königen um die Burg, die im Laufe der Jahrhunderte immer weiter an Bedeutung verlor. Im späten 16. Jahrhundert gab Pfalzgraf Friedrich sogar Anweisung, Granitsteine der Burg zum Bau des Schlosses in Vohenstrauß zu verwenden. Als dann im Dreißigjährigen Krieg das mit den Schweden verbündete Leibregiment Bernhards von Weimar hier einquartiert war und bei seinem Abzug Flossenbürg verwüstete, war es endgültig um die stolze Burg geschehen. Noch einmal gab sie ihre Steine her, für den Bau des Kirchturms von St. Michael in Weiden. Heute ist sie Ruine, aber eben eine besonders imposant gelegene.

Aus der Luft wird die Anlage überschaubar. Auf der ausgesetzten Granitklippe das Turmhaus des frühen 12. Jahrhunderts mit dem sogenannten hohen Mantel, am Fuß des Felsens die spätmittelalterliche Unterburg.

um 1100	Bau der Burg durch Graf Berengar I. von Sulzbach
1188	Friedrich Barbarossa wird Besitzer der Burg von Flossenbürg, die bis 1251 staufisch bleibt
1449	nach häufigem Herrschaftswechsel erscheint Herzog Heinrich der Reiche als neuer Besitzer in den Urkunden
1634	endgültiger Niedergang der Burg nach Einquartierung des Leibregiments von Bernhard von Weimar, nachdem sie zuvor schon als Steinbruch für den Bau des Schlosses Vohenstrauß gedient hatte
ab 1980	Sicherungsmaßnahmen an der Ruine und eine als vorbildlich gelobte, behutsame Restaurierung

SCHELLENBERG

Zeitweise ein böhmisches Lehen

Die Klagen über die Saukälte nehmen scheint's überhaupt kein Ende mehr. Und das klingt dann so: „Leutchen, setzt die Schlitten auf das Eis, / der böse kalte Winter kommt! [...] Kein Gesang erklingt im Wald. / Dies alles hat der Frost getan." Oder auch so: „Stumm geworden ist nun alles Vogelsingen, / der böse Winter hat den Sommer fortgejagt. / Viele Herzen sind drum ohne Schwung und Lust, / Hochgefühl verebbt in allen Höfen." Und wenn's gar nicht mehr zum Aushalten ist, nach fünf Monaten ununterbrochen Eis, Sturm und Schnee, dann wird's ein regelrechter Fluch: „Winter – / mach dich schleunigst auf den Weg! / [...] Hau ab, du bist ein wahrer Schandfleck!" So klang's bei Neidhart von Reuental, dem bedeutendsten Minnesänger aus dem ersten Drittel des 13. Jahrhunderts neben Walter von der Vogelweide. Sein Mittelhochdeutsch übersetzt in eine uns ganz frisch erscheinende heutige Sprache hat Dieter Kühn, dessen Biographie des Dichters, „Neidhart und das Reuental. Eine Lebensreise", unbedingt jeder lesen sollte, der diese Zeit des frühen Hochmittelalters etwas besser verstehen will. (Hat er dieses eine phantastische Buch von Kühn gelesen, wird er die anderen beiden Teile seiner Mittelalter-Trilogie, die Biographien über Oswald von Wolkenstein und die über Wolfram von Eschenbach, sowieso gleich auch noch verschlingen.)
Er wird unter anderem dort lesen, wie lausig mindestens die Hälfte eines normalen mittelalterlichen Lebens war, die Hälfte nämlich, die in die Winterhalbjahre fiel („der böse Winter läßt nichts als Trauern, Sehnen / [...] Wie soll ich diese schwere, lange Zeit bloß überstehn", heißt es). Ein heutiger Mensch macht sich nicht mehr die geringste Vorstellung davon, was „Winter" damals überhaupt bedeutete. Ich versuche es mir zumindest vorzustellen. Am heutigen Tag fällt es etwas leichter, das Wetter hilft kräftig mit; denn gar grauslich fegt „der Böhmische" in Wirbeln um die Felsen des Schellenbergs, läßt Schneeflocken nahezu waagrecht dieses Bild zyklopisch übereinandergeschichteter Granitblöcke schraffieren. Lange Eiszapfen hängen von den Felsen herunter.
Der hölzerne Aussichtsturm, der oben aus den Resten der Ruine Schellenberg herauswächst, ist kaum auszumachen. Wir bestaunen dieses Schauspiel, werden uns aber anschließend gleich in Vohenstrauß bei einem Glas Glühwein wieder aufwärmen. Wie aber erging es Bewohnern einer solchen Burg? Zentralheizung gab es nicht, nur zwei, drei offene Kamine, die die stark ausgekühlten dicken Gemäuer kaum aufzuwärmen vermochten. Die Mauerluken waren mit Holzläden verrammelt oder auch mit Häuten und Fellen zugehängt. Drinnen, im Dunklen und Kalten, saßen die Menschen, der Burgherr und seine Familie am nähesten zum Kamin, die anderen mußten weiter entfernt frieren.
Viel ist nicht mehr übrig geblieben von dieser hart an der bayerisch-böhmischen Grenze gelegenen Burg, die ungefähr nur 150 Jahre lang Sitz der Herren von Waldau auf Waldthurn war. Zuletzt hatten sie ihren Besitz an einen Ritter Philipp von Gutenberg verpfänden müssen, aus Geldnot. Dieser Gutenberg wiederum lag mit dem Markgrafen zu Brandenburg-Kulmbach in heftiger Fehde, stichelte gegen ihn mit Angriffen, zog sich dann aber immer wieder „vor dem böhmischen Wald" zurück. Bis es dem Markgrafen zu bunt wurde und er seinen Hauptmann Konrad von Wirsberg ausschickte. Nach zweitägiger Kanonade im Juli 1498 nahm er die Burg ein und ließ sie vollständig schleifen.

um 1347	deuten die Herren von Waldau auf Waldthurn in einem Huldigungsbrief an die Landgrafen von Leuchtenberg den Bau einer Burg auf dem Schellenberg an
Mitte 14. Jh.	zeitweise böhmisches Lehen
1498	Zerstörung der Burg durch den Markgrafen zu Brandenburg-Kulmbach, nachdem zuvor Schellenberg von den Waldthurnern aus Geldmangel an den Ritter Philipp von Gutenberg verpfändet worden war, welcher in heftiger Fehde mit dem Markgrafen lag

Das erste Licht eines Sommermorgens beleuchtet die Ruinenreste auf dem Schellenberg bei Waldkirch an der Grenze.

Mühsam war das Stapfen durch den kniehohen Schnee gewesen, doch weite Fernblicke zum Fahrenberg, zur Ruine Flossenbürg und zu den Höhen des Steinwaldes sowie Rauhreif auf Felsen und Bäumen waren mehr als eine Entschädigung. Stille ringsum, an dem Tag wurde die Idee zu diesem Buch geboren.

SCHLOSS FRIEDRICHSBURG

Eine ehemalige Wittelsbacher-Residenz wird Kulturzentrum

„Seit mehr als zwei Jahrzehnten steht das Schloß mehr oder weniger leer, alle gewünschten Nutzungen sind geplatzt wie Seifenblasen.“ So stand es noch vergangenes Jahr, 2003, auf der Homepage des „Kuratoriums Schloß Friedrichsburg e.V.“ zu lesen, und es klang wenig hoffnungsvoll, dass die Ziele doch noch erreicht werden könnten, die sich jene Vereinigung vorgenommen hatte: nämlich „Schloß Friedrichsburg mit all seiner geschichtlichen Tradition als Wittelsbacher-Residenz wieder den Bürgern der Stadt und des Umlandes, ihren Gästen und Partnern zugänglich zu machen“. In der Tat war es gar nicht zu verstehen und einzusehen, wieso man so einen herrlichen Bau – Typ massiges Landschloß – leerstehen und ungenutzt sein lassen konnte. Als Abschluß des leicht ansteigenden Marktplatzes von Vohenstrauß steht er da: ein dreigeschoßiger Kastenbau im Renaissancestil mit steilem Satteldach und je einem wuchtigen, runden Treppenturm an jeder Hausecke und in der Mitte der Längsfassaden. „Machtanspruch und Verteidigungsbereitschaft der kleinen Residenz veranschaulichend, auf Weitsicht berechnet“, so beschreibt das „Handbuch der deutschen Kunstdenkmäler“ trefflich, welche Wirkung man mit solcher Architektur verfolgte – genauer, die Pfalzgraf Friedrich aus der Linie Zweibrücken-Veldenz verfolgte, er nämlich war der Bauherr von Schloß Friedrichsburg. 1590 war der Bau abgeschlossen. Nur sieben Jahre später starb Friedrich bereits. Seine Witwe Katharina Sophie nutzte das herrliche Landschloß noch rund ein Jahrzehnt, dann begann die Zeit häufigen Besitzerwechsels. Im 19. Jahrhundert beherbergte es verschiedene Ämter, bis 1972 diente es gar als Landratsamt des Landkreises Vohenstrauß, der nach der Gebietsreform aufgelöst wurde.
Eine KAB-Bildungsstätte sollte in das schon einige Zeit leerstehende Gebäude einziehen. Für 1992 war die Eröffnung geplant. Doch mitten in den Sanierungsarbeiten stellte man plötzlich fest, dass die – allerdings gehörig zugenommenen – Kosten nun doch nicht aufzubringen waren. Das Projekt wurde abgeblasen. Ja, schlimmer noch: Da das Objekt Friedrichsburg nun wieder auf Jahre hin leerstand, meldeten sich sogar Stimmen von Kommunalpolitikern, die allen Ernstes für einen kompletten Abriß des 400 Jahre alten Gebäudes plädierten.
Gott sei Dank, dass da das Kuratorium auf den Plan trat und nicht locker ließ mit seinen Plänen, um nicht zu sagen Träumen, von einem Kulturzentrum für den Altlandkreis Vohenstrauß. Denn 2004 sind sie nun tatsächlich noch wahr geworden, diese hochfliegenden Pläne. Termingenau zum Nordgautag 2004 in der Stadt fand in den ersten renovierten Räumen der Burg eine Kunstausstellung statt – nachdem man in den zurückliegenden Jahren eh schon das Schloß mit Jazz-, Kabarett- und Theaterveranstaltungen belebt hatte. Eine Art von Märchen also, das sich um Schloß Friedrichsburg rankt, dessen Erklärung aber ganz prosaisch die Standhaftigkeit und Beharrlichkeit einiger kulturinteressierter Bürger ist.

1586–1590	Schloß Friedrichsburg wird von Pfalzgraf Friedrich aus der Linie Zweibrücken-Veldenz erbaut
1597	der Pfalzgraf stirbt, seine Frau Katharina Sophie bewohnt Friedrichsburg als Witwensitz noch bis 1608
1733	Herzogin Eleonore Philippine von Sulzbach, ebenfalls verwitwet, plant Friedrichsburg zu einem fürstlichen Alterssitz im Stile eines Klein-Versailles auszubauen
1809	das Landgericht Vohenstrauß zieht in die Burg ein, später kommt das Rentamt hinzu
1972	endet die Zeit von Friedrichsburg als Landratsamt Vohenstrauß
2004	nach jahrelangem Engagement gelingt es dem Kuratorium Schloß Friedrichsburg e.V., dass ein erster Teil des Schlosses für Kulturveranstaltungen wiedereröffnet wird

Gerade rechtzeitig zum Nordgautag 2004 wurde Schloß Friedrichsburg wieder in einen fotografierenswerten Zustand versetzt. Etwas von vergangener Machtfülle strahlt dieser Bau mit seinen vier runden Ecktürmen immer noch aus.

PARKSTEIN

Die Burg ist verschwunden, der „schönste Basaltkegel Europas" blieb

Man sieht ihn schon von weitem, den aus der eher brettlebenen „Weidener Bucht" aufragenden „Hohen Parkstein". Er ist eine wirkliche geologische Einzigartigkeit, und schon Alexander von Humboldt, weitgereister Naturforscher und am Anfang seiner Karriere als „Bergassessor" in den Diensten des Preußischen Bergbauamtes beschäftigt, meinte, er sei der „schönste Basaltkegel Europas". Entstanden ist er im Tertiär, also in jener Phase der Erdneuzeit, als es noch gehörig rumpelte in der Oberpfalz. Erdkrustenbewegungen gab es hier – in einer Gegend übrigens, die damals ein subtropisches Klima aufwies, also so ungefähr wie heute im Amazonas-Regenwald. Im Gefolge dieser Krustenverschiebungen kam es zu „Magma-Aktivitäten", wie das der Geologe weitaus kundiger ausdrücken würde. Der Parkstein ist also nichts anderes als ein „von exogenen Kräften herausgearbeiteter Förderschlot" eines früheren Vulkans! Man kann sogar, dank genauester geologischer Untersuchungen, sagen, mit welcher Geschwindigkeit er das Magma nach oben beförderte: einige Kilometer pro Stunde nämlich. Ein solches Wissen ist insofern erstaunlich, als sich das alles vor zirka 24 Millionen Jahren abgespielt hat.

Das Ergebnis davon bestaunen wir noch heute: einen 595 Meter über den Meeresspiegel aufragenden Basaltkegel. An der Steilwand des Parksteins sind die Basaltsäulen im Durchmesser zwischen 10 und 30 Zentimeter besonders schön zu sehen, wie sie fächerförmig nach oben streben. Dennoch dürfte dieses optische Schauspiel der geringere Grund dafür gewesen sein, warum hier, wohl noch vor dem Jahre 1000, eine Burg entstand. Es war die freie Lage auf einer schwer erstürmbaren Felserhebung. Sie spiegelt sich auch in der Namensgebung wider: Parkstein. Solche Zusammensetzungen mit -stein findet man oft bei Burgennamen, etwa auch bei Breitenstein, Thierlstein, Falkenstein.

Bereits 1052 wird „Paracstein" niedergebrannt. Das wissen wir aus einer ersten urkundlichen Erwähnung, die allerdings weniger eine Geburts- als eine Sterbeurkunde ist: Die Anlage scheint völlig verwüstet worden zu sein. Jedenfalls heißt es, dass Kaiser Heinrich IV. die Burg wieder neu aufgebaut hat. 1188 kommt Parkstein – genau wie Flossenbürg – in den Besitz von Kaiser Friedrich Barbarossa. Er braucht diese wichtigen Kontrollpunkte als Bindeglieder für den Weg von Nürnberg zur Kaiserpfalz im böhmischen Eger.

Der Parkstein ist ein „Gesamtkunstwerk" aus Basaltkegel, Bergkirchlein, Mauerresten der Burg und als Dreingabe ein grandioser Rundblick.

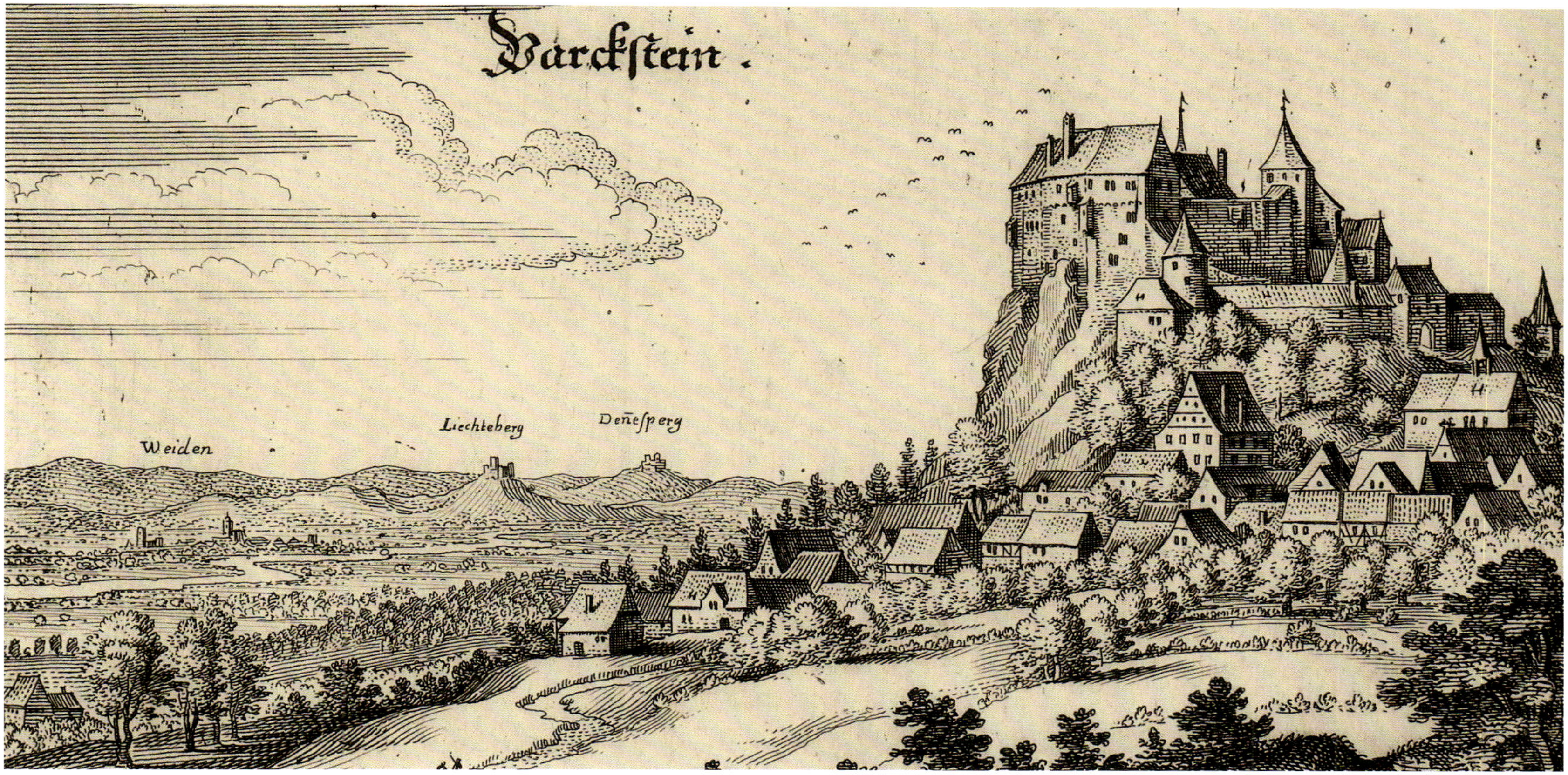

Burg Parkstein auf einem Stich von Matthäus Merian, erschienen in der „Topographia Bavariae" von 1644. Die stolze Burg hatte im Dreißigjährigen Krieg noch den Schweden getrotzt. In der Folgezeit verfiel sie und diente schließlich als Steinbruch.

Selbst böhmisch wurde Parkstein 1339, da ging die Burganlage, die nach einem Stich von Matthäus Merian aus dem Jahre 1644 einstens eine beträchtliche Ausdehnung hatte, in den Besitz von König Johann von Böhmen über. Im Dreißigjährigen Krieg erwies sie sich für die Schweden als uneinnehmbar, doch ab der Mitte des 18. Jahrhunderts war der Verfall nicht mehr aufzuhalten. Heute künden nur noch ein paar wenige Mauerreste von der Burganlage. Was indes unübersehbar die Spitze des Basaltkegels dominiert, ist die Bergkapelle, die man 1851 errichtet hat, und zwar nachdem Jahre zuvor ein verheerender Brand unten im Ort 30 Wohnhäuser und die dortige Kapelle zum heiligen Brunnen vernichtet hatte. Das Bild der 14 Nothelfer über dem Altarraum sowie die Marienstatue auf einem seitlichen Mauerpodest konnten bei dem Brand gerettet werden und haben in der Bergkapelle ihre neue Heimstatt gefunden. Nachdem man sie bewundert hat, sollte man unbedingt hinaustreten und den grandiosen Rundblick von der Spitze des Parksteins genießen.

vor 1000	Erbauung einer ersten Burg „Paracstein", die 1052 zerstört wird
1188	Friedrich Barbarossa wird Besitzer von Burg Parkstein, die Kaiser Heinrich IV. im 11. Jahrhundert neu aufbauen ließ
1339	geht die Burg über in den Besitz von König Johann von Böhmen
1759	man beginnt die Burg langsam abzutragen, die Steinquader werden zum Bau von Wohnhäusern in Parkstein verwendet
1851	Erbauung der Bergkapelle auf dem Areal der ehemaligen Burg, von der nur noch wenige Mauerreste übrig sind

WERNBERG

Mittelalterliche Consiliums-Atmosphäre mit Edel-Gastronomie

Und hier soll tatsächlich einmal eine Strafanstalt gewesen sein? Man kann es schier nicht glauben, wenn man vor der Brücke, die auf Festpfeilern über den breiten Burggraben führt, steht und auf diese Nobelherberge schaut: Hotel, Restaurant und Tagungsstätte Burg Wernberg! Statt Häftlingen, die mürrisch ihren Hofrundgang absolvieren, sieht man in edle Anzüge gekleidete Manager umhereilen . . . oder sagen wir nicht umhereilen, sagen wir schlendern, denn ganz offensichtlich sind sie angesteckt von einer mittelalterlichen Consiliums-Atmosphäre, die sich in diesen im Kern bis zur Romanik zurückreichenden Gemäuern einfach einstellen muß. Hektik ist hier unbekannt. Statt dessen allergepflegteste Edel-Gastronomie bei dem Witzigmann-Schüler und mittlerweile mit zwei Michelin-Sternen ausgezeichneten Koch Christian Jürgens. In den Pausen dann vielleicht ein Spaziergang, hinaus aus der Anlage, wobei man durch das imposante Torhaus tritt, an dessen Fassade noch die Öffnungen für die Zugvorrichtung der Brücke zu sehen sind. Den Obstbaumhang hinunter geht es zum sogenannten „Gedankengebäude", ein vom italienischen Designer Michele De Lucchi mit viel Glas und Holz konstruiertes Tagungs-Salettl, das von „Outdoor-Seminaren" auf der überdachten Sonnenterrasse über Internet-Bibliothek und weltweite Telekonferenzen alles zu bieten hat. Möglich war das alles nur, weil der Hirschauer Unternehmer Klaus Conrad sowie der bayerische Staat jene 27 Millionen, damals noch DM, aufbrachten, die zur Sanierung der Burg notwendig waren. Die war nämlich schon weitgehend verfallen. Und das hatte im 19. Jahrhundert begonnen, als die Besitzer in rascher Folge wechselten. In dieser wenig glanzvollen Zeit gab es auch die paar Jahre ab 1804, wo Burg Wernberg Strafanstalt gewesen war. Aber da kümmerte man sich schon kaum mehr um sie und ließ sie mehr und mehr verfallen. Dabei: Was für eine glanzvolle Vergangenheit hatte sie gehabt. Urkundlich faßbar wird sie das erste Mal 1280. Zu der Zeit müssen die frühesten Teile schon existiert haben. Man nimmt die Landgrafen von Leuchtenberg als Erbauer der Burg an. Der Stammsitz dieser europaweit wirkenden Familie – ihr Einfluß reichte von Wien über Prag bis Warschau, sie hatte Stützpunkte in Südfrankreich und Süditalien – ist ja nur wenige Kilometer entfernt. Allerdings verlor sie den Besitz in Wernberg an einen Konrad von Paulsdorf, der ihn dann wiederum an das berühmte Geschlecht der Nothaft veräußerte. Erst 1530 kaufte Johann IV., Landgraf von Leuchtenberg, die Anlage wieder zurück. Zu diesem Zeitpunkt allerdings hatte sie sich schon bedeutend ins Mächtigere und Repräsentativere gewandelt. Eine St.-Georg-Kapelle war hinzugekommen, die – später barockisiert – noch heute ein besonderes Schmuckstück der ganzen Anlage ist und gerne von Hochzeitern mit dem Geschmack fürs Besondere genutzt wird.

1280	erste urkundliche Erwähnung der Burg Wernberg, die in ihrem Kern noch älter und eine Gründung der Leuchtenberger sein dürfte
1281	Wernberg kommt in den Besitz des Geschlechts der Nothaft und bleibt es bis ins 16. Jahrhundert
1401	die St.-Georgs-Burgkapelle wird geweiht
1530	Johann IV., Landgraf von Leuchtenberg, erwirbt Wernberg
1714	die Burg wird Pflegamt für die Oberpfalz
1803	das Pflegamt wird aufgehoben; Wernberg wird vorübergehend Strafanstalt
1992	die Anlage geht über in den Besitz der Gemeinde Wernberg; zusammen mit Klaus Conrad, der die Burg auf 99 Jahre pachtet, Generalsanierung und Einbau von Hotel, Restaurant und Tagungsstätte der Luxusklasse

Hinter diesen festlich angestrahlten Burgmauern verbergen sich Hotel, Restaurant und Tagungsstätte, eine Besonderheit in der Burgenlandschaft der Oberpfalz.

TRAUSNITZ IM TAL

Wo Friedrich der Schöne von Österreich gefangensaß

Hoch über dem Ufer der Pfreimd, die hier mittels einer Talsperre aufgestaut wird, steht die Burg Trausnitz, ein schönes Beispiel für den Typ „Randhausburg", die Außenmauern der Wohntrakte und des integrierten Bergfrieds sind gleichzeitig Wehrmauern, ein eigener Bering war nicht vonnöten. Man sollte dieses Trausnitz nicht verwechseln mit dem weitaus bekannteren über Landshut. Dass man die Burg Trausnitz an der Pfreimd nicht unbedingt überall kannte, kam den Absichten Ludwig des Bayern gerade entgegen. Der nämlich suchte einen verborgenen, abgelegenen Ort, wo er seinen großen Rivalen – und übrigens auch Vetter – Friedrich den Schönen würde gefangensetzen können. Der Wittelsbacher und der Habsburger, beide hatten nach dem Tode Heinrichs VII. für sich in Anspruch genommen, die Kaiserwürde des Heiligen Römischen Reiches Deutscher Nation zu erben. Folglich ließen sich auch beide 1314 parallel zum Kaiser ausrufen. Das konnte selbstverständlich nicht gutgehen.
Nach mehreren Auseinandersetzungen kam es am 28. September 1322 zur entscheidenden Schlacht auf einer Walstatt zwischen dem oberbayerischen Mühldorf und Ampfing. Man spricht von der letzten großen Ritterschlacht auf deutschem Boden. Zehn Stunden soll sie gedauert haben, und Ludwig der Bayer entschied sie letzten Endes dank seines gewieften Feldhauptmanns Seyfried Schweppermann für sich. Überwältigt allerdings wurde der in einer goldenen Rüstung angetretene Friedrich von einem Nürnberger Ritter, Albrecht Rindsmaul. Er brachte den Gefangenen vor Kaiser Ludwig. Und der soll – wahrscheinlich mit einem gewissen zynischen Lächeln – gesagt haben: „Herr Vetter, wir sehen euch gerne . . ."
Für die folgenden zweieinhalb Jahre – solange dauerten die diplomatischen Verhandlungen zur Beilegung des Konflikts – wurde Friedrich der Schöne also nun auf Burg Trausnitz gefangengesetzt. Man hatte die im späten 13. Jahrhundert erbaute heutige Burg mit ihren hochaufragenden Wohntrakten und dem viereckigen Bergfried extra etwas hergerichtet – noch heute zeigt man das im obersten Stock gelegene „Königsgemach" her. Mit Eisenketten gefesselt war Friedrich der Schöne ganz gewiß nicht. Auch wenn man solche in der Versöhnungskapelle gleich neben der Pfarrkirche auf dem Friedhof sehen kann. Sie wurde 1325 an den sogenannten Sachsenturm (vom Ende des 8. Jahrhunderts) angebaut. In ihr fand, der Name sagt es schon, die Versöhnungszeremonie zwischen Ludwig und Friedrich statt. Der Wittelsbacher blieb Kaiser, Friedrich aber wurde ein „Mitkönigtum" zugesichert. Ein Ölgemälde in der Versöhnungskapelle hält den bedeutenden Augenblick fest. Wieder zum Leben erweckt wurde er, dieser Augenblick, auch schon mehrfach. Bereits 1926 brachten die Trausnitzer ein Schauspiel mit dem Titel „Friedrich der Schöne von Österreich und Ludwig der Bayer in Trausnitz" . . . auf dem Platz vor der Burg zur Aufführung. Natürlich handelte es sich um Freilichttheater mit Rittern, Rüstungen und Schwertern. Um eines, das 1992 noch einmal wiederholt wurde und 1997, von Peter Klewitz runderneuert, als „Gefangen in Traunsitz" zu einer weiteren erfolgreichen Aufführung kam. – Heute ist Trausnitz eine

„Trausnitz im Thal", Ausschnitt aus einer Lithographie von Chr. Schmidtner, entstanden um 1890.

Jugendherberge, und zwar eine so herrlich in der oberpfälzischen Wälder- und Flußlandschaft gelegene, dass die „Kids" staunen werden, dass man so etwas nicht nur in den Highlands von Schottland findet!

spätes 13. Jh.	Bau der Burg
um 1280	im Besitz der Wittelsbacher
1322–1325	Friedrich der Schöne von Österreich auf Burg Trausnitz gefangen gehalten
1825	geht als Ruine über in den Besitz von Ludwig I.
1926	erstmalige Aufführung eines Freilichttheaterstücks „Friedrich der Schöne und Ludwig der Bayer in Traunsnitz", wiederaufgenommen 1992 und 1997
1993-1997	Sanierung der Burg
heute	genutzt als Jugendherberge

Der hochaufragende Bergfried der Burg Trausnitz zeigt verputztes Bruchsteinmauerwerk mit Eckquadern, wie es für die Zeit ab 1270 typisch ist. Unmittelbar neben das Tor an die Zugangsseite gesetzt, stellte er sich den Angreifern entgegen.

Auf steilem Fels über dem Pfreimdtal grüßt die Burg Trausnitz weit in die Landschaft. In ihr ist eine Jugendherberge untergebracht, exklusiv die Lage und geeignet dafür, einzutauchen in längst vergangene Zeiten. Nicht weit davon ist die Pfreimd durch eine Staumauer zum See geworden. Im Sommer herrscht reger Badebetrieb, an den stillen Ufern sitzen die Angler und lauern auf ihre Beute.

REICHENSTEIN

Ein Burgfräulein, das Verrat beging und keine Ruhe mehr fand

Am Reichenstein, so heißt es, sei die Luft so rauh, dass sich dort nicht einmal die Spatzen aufhalten wollen. Vielleicht will der Volksmund mit dieser Charakterisierung aber auch nur ausdrücken, dass sich die Ruine Reichenstein in schon sehr rauher, abgelegener Grenzlage befindet – dort, wo sich nicht einmal mehr Vögel wohl fühlen. Ein, zwei Kilometer sind es noch bis zur bayerisch-tschechischen Grenze. Und auch äußerlich gehört Reichenstein eher hinüber ins Böhmische. Denn solch ein Mauerwerk aus unbehauenen Bruchsteinen, wie man es an den stark zerfallenen Resten des Reichensteiner Bergfrieds sehen kann, findet man typischerweise bei den Burgen im „česky les", also im tschechischen Teil des einst – vor den Zeiten der Ost-West-Teilung – sogenannten „Böhmerwaldes". Der war damals noch nicht geteilt, auch nicht von den Namen her, und meinte das ganze Waldgebiet westlich und östlich der Grenze.

Ab dem 8., 9. Jahrhundert beginnt die Besiedelung dieses damals noch weitgehend unerschlossenen Gebietes. Und zwar von Westen her, entlang der Flußläufe. Die ersten bayerischen Kolonisten drangen die Naab und den Regen herauf vor, und dann auch die Nebentäler hinauf, die von Murach, Pfreimd und Schwarzach beispielsweise. Nabburg an der Naab und Chammünster am Regen waren früheste Siedlungspunkte. Von dort aus wagte man sich weiter in den Wald vor, rodete kleine Siedlungsflecken aus. Zahlreich sind die Ortsnamen mit -ried am Ende, was auf Rodung in der Frühphase der Ausbauzeit (1000 bis 1200) verweist. Dass dies vom Osten aus geschah, hält Teresa Guggenmoos, Verfasserin einer Chronik von Schönsee, für unwahrscheinlich. „Zum einen verboten die böhmischen Herrscher jahrhundertelang, den Grenzwald zu roden, zum anderen sind die benachbarten böhmischen Grenzdörfer Plöß und Wenzelsdorf (nach 1945 abgegangen) viel später entstanden."

Vom Böhmerwald-Aussichtsturm auf dem Weingartenfels geht der Blick weit über den Oberpfälzer Wald ins Böhmische hinein.

Wann genau Burg Reichenstein entstanden ist, läßt sich nicht ermitteln, genauso wenig wie die frühesten Besitzer beziehungsweise Erbauer. Im 13. Jahrhundert tauchen die Herren von Hostau auf, das heute im tschechischen Hinterland gelegene Hostou. Die Hostauer verkauften Reichenstein 1333 an die Grafen von Leuchtenberg, für die die Grenzburg im Schönseer Land eine Besitzung unter vielen war (vgl. das Kapitel zu Leuchtenberg, ihrem Stammsitz). Rund hundert Jahre später, 1416, wechselt die Burg schon wieder den Besitzer; ein Ritter Tobias von Waldau taucht in den Quellen auf. Nur wenig später bricht das Unheil der Hussitenkriege über die Oberpfalz herein, eine so nahe an der Grenze gelegene Burg wie Reichenstein mußte es zwangsläufig treffen.

Obwohl es heißt, dass sie nur durch einen Verrat dem Feind in die Hände fiel. Darauf spielt auch eine Sage an, die davon erzählt, dass man bei den verfallenen Gemäuern der Ruine ab und an ein seltsam grau gekleidetes altes Weiberl sehen kann, das dem Fremden eine Gabe, Brot oder ein paar Waldbeeren, anbiete. Es handle sich um die nicht zur Ruhe kommende Seele jenes Burgfräuleins, dass seinerzeit den Hussiten in verräterischer Weise den Weg in die Burg gezeigt haben soll. Die Tochter des Waldauer Burghüters soll's gewesen sein. Erst wenn ihr einmal ein Wanderer etwas von den angebotenen Gaben abnimmt und sich dafür bedankt, soll sie zur Ruhe kommen.

spätes 13. Jh.	Erbauer und genauer Zeitpunkt der Errichtung von Burg Reichenstein sind unbekannt
1333	verkaufen die damaligen Besitzer, die Herren von Hostau, die Burg an den Landgrafen von Leuchtenberg
1416	Burg und Herrschaft Schönsee an den Ritter Tobias von Waldau
1431	nehmen Hussiten Reichenstein „auf grund von Verrat" ein; ein Jahr später kämpft Pfalzgraf Johann von Neumarkt die Burg wieder frei
1557	Reichenstein wird als „öd und zerbrochen" bezeichnet

Von der Burg Reichenstein ist nicht mehr viel übriggeblieben, außer dem Bergfried, der still und leise vor sich hin zerfällt, wie so manche andere Oberpfälzer Burg auch.

HAUS MURACH

Erfolglos von den Hussiten belagert

Welch ideale Überblickslage für eine Burg des 12. Jahrhunderts! Sie sollte ja dazu dienen, dem unwegsamen Nordwald abgewonnene Rodungs- und Siedlungsstellen zu sichern sowie die seit dem 8., 9. und 10. Jahrhundert nach und nach entstehenden Verkehrswege und Herrschaftsansprüche weithin sichtbar zu demonstrieren. Dazu war eine Burg auf der Granitkuppe über dem Flüßchen Murach, wenige Kilometer westlich von Oberviechtach gelegen, ideal. Noch heute überblickt man von dort oben 27 Ortschaften, weit schweift der Blick bis an die böhmische Grenze.

1110 wird Obermurach das erste Mal erwähnt im Zusammenhang mit einem „Gerounch de Mourach", der dem Grafen Berengar I. von Sulzbach auf einem Feldzug nach Italien folgte. Zu jener Zeit könnte schon der quadratische Bau gestanden haben, den man heute im inneren Burghof direkt neben dem Bergfried findet. Meist findet man ihn als „Getreidekasten" apostrophiert. Das scheint allerdings wenig überzeugend. Dieser Bau, von der Mauertechnik her wohl Salierzeit, hat Wände, dicker wie der Bergfried (zwei Meter). Sollte er tatsächlich nur Getreide gelagert haben, wäre das reichlich übertrieben. Vielleicht muß man ja in diesem Bau das feste „Haus Murach" suchen, als das die Burg lange Zeit in den Urkunden auftaucht?

Der äußere oder auch untere Burghof erfüllte die Aufgabe eines Zwingers. Damit ist ursprünglich weniger der Platz gemeint, wo man wilde Tiere, zum Beispiel Bären, hielt – das fällt uns wohl beim Wort Zwinger ein –, sondern fortifikationstechnisch ist damit jener Raum zwischen innerer und äußerer Mauer benannt, in die ein anstürmender Feind zwar ruhig vordringen mochte, wo er aber der Enge wegen viel schlechter kämpfen, wo man ihn also besser (be-)zwingen konnte.

Ob die Hussiten bis in den Zwinger vorgedrungen sind, weiß man nicht. Jedenfalls haben sie zweimal versucht, Burg Murach einzunehmen, 1428 und 1433. Wir haben davon ein literarisches Zeugnis, „Vom Hussenkrieg ein Gesang, anno Domini 1433 die Matthaei Evangelistae". Verfaßt wurde es von Ott Ostmann, und wer schon einmal das Freiluft-Theaterstück „Vom Hussenkrieg" in Neunburg vorm Wald gesehen hat, der wird diesen Namen einzuordnen wissen: Dort nämlich tritt er auf, der Ott Ostmann, als Schreiber des Pfalzgrafen Johann. In seinem „Hussen-Gesang" heißt es:

Sie zogen gen murach für das hauß
man schoß und wurff zu Ihnen heraus,
mit büchsen und mit pfeilen,
so das die bösen husserer von dannen
mußten eilen

Die Hussiten bissen sich die Zähne aus an Murach und zogen erfolglos wieder ab. Seitdem genoß die Burg einen legendären Ruf. Man baute sie noch weiter aus. Nach einer Ansicht des Kuramtes Murach aus dem Jahre 1589 erstellte Dr. med. Hasenbach ein Modell der Burg, das man heute im Heimatmuseum in Oberviechtach sehen kann.

Doch vergänglich ist alle Pracht, auch die von Murach. Zwar konnte auch der Dreißigjährige Krieg der Burg keinen entscheidenden Schaden zufügen, aber der Zahn der Zeit erledigte dann das, was die Waffenarsenale mehrerer Jahrhunderte nicht schafften. Anfang des 19. Jahrhunderts, heißt es, war Burg Murach schon in einem sehr schlechten Zustand. So begann man 1805 die Mauern regelrecht als Steinbruch zu benutzen und weite Teile der Burg abzutragen. Heute gehört die Anlage dem Freistaat Bayern.

Über die Walpurgiskapelle geht der Blick hinauf zur 580 Meter hoch gelegenen Burgruine.

1110 erstmals taucht ein Besitzer Obermurach namentlich auf, „Gerounch de Mourach“
1188 die Burg geht über in den Besitz der Grafen von Ortenburg, ihnen folgen die Grafen von Murach
1285 Verkauf an Bayernherzog Ludwig den Strengen
1428/33 erfolglose Versuche der Hussiten, Obermurach einzunehmen
1805 man beginnt, die Gemäuer der Burg abzutragen und die Steine für den Hausbau zu verwenden

Das, was noch übriggeblieben ist, vermittelt einen wehrhaften Eindruck. Man stelle sich die anstürmenden Hussiten vor, die verzweifelt kämpfenden Verteidiger, und lasse einfach die Phantasie schweifen an diesem geschichtsträchtigen Ort.

THANSTEIN

Nach einem Brand blieb nur mehr der Bergfried stehen

Einmal nicht irgendwo versteckt im Wald, wie etwa die Schellenburg oder die Kürnburg, sondern inmitten des gleichnamigen kleinen Dorfes liegt die Burgruine Thanstein. Durch eine wuchtige Toranlage hindurch hat man Zugang zum ehemaligen Burggraben und dem Areal der einst vollständig ummauerten Vorburg, wo heute Wohnhäuser und Nutzgebäude stehen, die teilweise das alte Gemäuer mit integriert haben. Von der eigentlichen Burg ist nur mehr der runde Bergfried erhalten, der aber steht umso martialischer über dem Ort. Zweieinhalb Meter dick sind seine Mauern, sechzehn Meter ist er hoch. Die äußere Mauerschale besteht zum Teil aus unbehauenen Bruchsteinen, zum Teil aber auch aus bearbeiteten Granitquadern. Wenn man genau hinsieht, kann man vereinzelt noch die Löcher in den Steinen entdecken, in die die Steinzange eingehakt wurde, mit der man diese Quader hochhievte.

Da fragt man sich wohl unwillkürlich, wenn man vor solch mittelalterlichen Bauwerken steht: Wie war es den Menschen vor 700 Jahren überhaupt möglich, solche Mauern hochzuziehen? Zur Beantwortung dieser Frage muß man die wenigen Quellen zu Rate ziehen, die es gibt, und man muß Spuren lesen können, die Spuren der Steine. Ein paar wenige Bilddarstellungen gibt es ja, zum Beispiel in der sogenannten „Wenzelsbibel“. Dort ist es zwar der Turmbau von Babel, der detailliert dargestellt wird, aber man kann davon ausgehen: das waren die zeitgenössischen Techniken des Maurerhandwerks. Und da entdeckt man zum Beispiel die Steinzange. Mit ihr wurden die Quader hochgezogen, in diesem Fall mittels eines Holztretrades, in dem Menschen wie Laufradhamster sich abmühten. Hochgezogen wurden die Steine bis zu einem Auslegergerüst. Das waren Laufstege, die auf Hölzern ruhten, die mit eingemauert wurden. Die sogenannten Rüstlöcher kann man hie und da noch heute an Burgmauern ausmachen. In übereinanderliegenden Reihen laufen sie um das ganze Bauwerk herum. Wenn eine „Etage“ nicht mehr gebraucht wurde, schlug man die Hölzer, die in den Rüstlöchern feststeckten, einfach ab und errichtete eineinhalb bis zwei Meter höher einen neuen Laufsteg. Mit den Balkenlöchern von Wehrgängen oder Geschoßdecken kann man sie deshalb eigentlich nicht verwechseln. Gelegentlich gab es auch Standgerüste, die vom Erdboden aus mit zusammengebundenen Stangen errichtet wurden. Bei Höhenburgen, die oft auf steil abfallenden Felsriffen erbaut wurden (Extrembeispiel Flossenbürg), ging es allerdings gar nicht anders als mit dem Auslegergerüst.

Wer nun genau der Bauherr im Falle von Burg Thanstein war, wissen wir nicht. Wir kennen das Geschlecht der Thansteiner, das bereits 1218 erstmals urkundlich erwähnt wird, und man weiß, dass sie ihren ursprünglichen Stammsitz in Altenthanstein (heute nur mehr ein Burgstall) aufgegeben haben und hierher zogen in das Thanstein nordöstlich von Neunburg vorm Wald. Der letzte Thansteiner lebte in der zweiten Hälfte des 14. Jahrhunderts und wurde 1358 sogar Abt des traditionsreichen Klosters St. Emmeram in Regensburg. Ein Indiz dafür, was für ein einflußreiches Geschlecht die Thansteiner einmal waren.

1218	erste urkundliche Erwähnung des Geschlechts der Thansteiner, die damals ihre Stammburg noch in Altenthanstein bei Dautersdorf hatten; die verlegten sie Anfang des 14. Jahrhunderts nach Thanstein
1353	Thanstein geht an einen Zweig der Familie Zenger, der sich seitdem „von Thanstein“ nennt; der letzte Thansteiner indes wird 1358 Abt von St. Emmeram in Regensburg
1548	Heirat Margarete Zengers mit Ritter Georg von Ebleben, der die Herrschaft auf Thanstein übernimmt und den protestantischen Glauben einführt; beider Grabsteine in der Kirche unterhalb der Burg
1811	Burg Thanstein brennt völlig ab, nur der Bergfried bleibt erhalten und wird 1887 restauriert

Der runde Bergfried ist das markante Wahrzeichen des Ortes Thanstein, ansonsten ist nichts mehr übriggeblieben von der Burg.

BURGLENGENFELD

Die größte salierzeitliche Burganlage Bayerns

Joachim Zeune spricht in seinem Standardwerk zur Burgenkunde von Burglengenfeld als der „besterhaltenen salierzeitlichen Burganlage Bayerns". Dass die Anlage in der Tat eine höchst imposante ist, wird jeder nachvollziehen können, der einmal ein Luftbild der Burg gesehen hat. Oder der einmal die über 800 Meter Ringmauer abgeschritten ist, die eine Anlage von sage und schreibe 1,8 Hektar umfriedet. In der Mitte des Burghofs steht ein 28 Meter hoher, mächtiger Rundturm mit über 3 Meter dicken Mauern und Hocheingang, der allgemein als der Gründungsbau der gesamten Anlage angesehen wird. Vielleicht war er früher einmal mit einer hölzernen Palisade umfriedet, die später durch einen steinernen Bering ersetzt wurde. Man geht heute von einem Erbauungsdatum um 1100 herum aus. Joachim Zeune meint, typologisch gesehen rangiere der Turm „zwischen Wohnturm und Bergfried". Letzterer bildet sich ab der Mitte des 12. Jahrhunderts als „staufischer Standardbau" heraus, war jedoch nicht dauerhaft bewohnt.
Wenige Jahrzehnte jünger, aber von mindestens genauso großem Interesse für vor allem an der Baugeschichte interessierte Burgenforscher, ist der sogenannte Sinzenhofer Turm mit seinem quadratischen Grundriß. Er steht im Osten der Anlage, nur einige Meter von der Ringmauer entfernt. Einerseits diente er sicherlich zur Dekkung des gleich danebenliegenden Tores, andererseits nutzte man ihn auch für Wohnzwecke, womit wir im Sinzenhofer Turm einen der wenigen im aufgehenden Mauerwerk erhaltenen Wohntürme der Salierzeit in Bayern haben. Mauerwerk dieser Epoche findet sich aber auch an vielen anderen Stellen der Burg, so etwa im unteren Teil des Torturms oder in der Ringmauer. Im Hoch- und Spätmittelalter wurde die Anlage mehr und mehr ausgebaut, es kamen Wohn-, Wirtschafts- und Verwaltungsgebäude dazu, und vor allen Dingen – im 12. Jahrhundert – die Burgkapelle. Nach den lutherischen Zeiten in der Oberpfalz und der darauf folgenden Rekatholisierung ab1621 wurde die Kapelle neu ausgestaltet. Lange Zeit glaubte man, dass ein echter Peter Paul Rubens in der Burgkapelle gehangen habe, hatte doch der Ortschronist Anton Paulus in seiner „Chronica Burglengenfeldensis" aus dem Jahre 1856 über die Burg geschrieben: „Es stand in ihren Mauern eine sehr schöne Kirche, dem Hl. Erzengel Michael geweiht, auf deren Hauptaltar das Bild von Rubens – ‚Der Engelssturz' – aufgehangen war." Das großartige Altarbild ist heute in der Alten Pinakothek in München zu bewundern; dass es jemals in Burglengenfeld zu bewundern war, diese These läßt sich aber nicht aufrecht erhalten.

Detail aus einer kolorierten Federzeichnung von Burglengenfeld. Sie gehört zu einer Folge von 50 Ortsansichten, welche die Reise Ottheinrichs von Pfalz Neuburg nach Krakau im Winter 1536/37 dokumentieren.

Das Luftbild erst verdeutlicht die Dimension der Burganlage – sie gilt als eine der frühesten Bayerns – mit der fast einen Kilometer langen Ringmauer.

1522 wurden im Rittersaal der Burg Ottheinrich und der nur ein Jahr jüngere Philipp für „großjährig" erklärt. Beim sogenannten Kölner Spruch während des Reichstages 1505 war für die beiden Söhne Rupprechts von der Pfalz eigens ein neues Fürstentum gegründet worden: Pfalz-Neuburg. Burg Lengenfeld war neben Neuburg an der Donau die zweite Residenz dieses Fürstentums. Das erklärt die besondere Bedeutung der Burg. Davon profitierte natürlich auch der Markt. Ottheinrich jedenfalls war es, der dem zu Füßen des Burgberges liegenden Lengenfeld 1542 die Stadtrechte verlieh – ein entscheidendes Datum für den von da ab einsetzenden Aufschwung Burglengenfelds. In der Verleihungsurkunde taucht auch der heutige Ortsname auf, wenn es nämlich heißt, die Siedlung an der Naab sei „für ewige Zeit eine Stadt, die Burglengenfeld heißt und genannt werden soll".

um 1100	und in den folgenden Jahrzehnten entsteht die Burg in ihrer heutigen Ausdehnung
1255	Burg Lengenfeld ist Verwaltungsmittelpunkt der wittelsbachischen Besitzungen im Nordgau
1505	Entstehung der „Jungen Pfalz", Burg Lengenfeld wird Residenz von Ottheinrich
1813/14	teilweiser Abbruch der Burg durch Burglengenfelder Bürger, die sich so Baumaterial besorgen
seit 1967	der Gelsenkirchener Kaufmann E. Heuser ersteigert die Burg; es entsteht eine heilpädagogische Einrichtung für Jugendliche

Der Rundturm im Zentrum der Burg zeigt Mauerwerk, das typisch ist für die Salierzeit: kleinformatige Quader, sogenannte Handquader, mit wechselnden Schichthöhen.

Die Stadtansicht von Burglengenfeld wird geprägt von der über der Naab gelegenen Burg.

HOF AM REGEN

Das unerwartete Auftauchen spätgotischer Fresken

Früher hatte Arthur Schmid hier seinen Taubenschlag. Das hat ihm der Graf höchstpersönlich erlaubt. Graf von der Mühl, ehemals Besitzer von Burg Hof am Regen. Mit den alten Gemäuern konnte der nämlich auch nichts rechtes anfangen, und dem Kleinbauern Arthur Schmid war jeder zusätzliche Platz recht. Seit 60 Jahren wohnt er in einem der winzigen Wohnhäusl, die in ihrem Kern noch Teile der alten Burg sind. Er zeigt uns sein Bad, eine Gewölbedecke hat es. Hier war früher sein Stall, erzählt er. Auf den wenigen Quadratmetern drängten sich drei Kühe, ein Kalbl, 17 Hühner und ein Schwein. Was für eine Enge, was für eine Kleinhäusler-Armut!
Und gleich daneben eben der turmartig aufragende Kapellenbau der Burg Hof. Dass da einmal Kreuzwegdarstellungen drin hingen, daran kann sich Arthur Schmid noch erinnern. Die hat man irgendwann abgenommen und in die Kirche von Stefling gebracht. Dann konnte er mit seinen Tauben hinein. Um für die Käfige Befestigungen anzubringen, mußte er ein paar Schrauben in die Wände dübeln. Und dabei fiel der Verputz herunter, tiefer liegende Schichten kamen zum Vorschein. Die hatten so seltsame Striche und „Fahrer". „Hom de bleed ausg'weißt, damals", hat sich Arthur Schmid gedacht und die Sache dann doch an „höherer Stelle" gemeldet.
Mittlerweile ist ein Großteil der „bleedn Fahrer" freigelegt. Es handelt sich um ein Fresko aus der Zeit um 1500, das die romanische Burgkapelle von Hof einmal geschmückt hat. Zentral in der Mitte des Freskos: Petrus mit dem Schlüssel. Sankt Georg im Harnisch, seines Zeichens der Patron der Ritterschaft, darf natürlich nicht fehlen. Ölbergszenerie und Kreuzigung sind ebenso dargestellt wie gegenüberliegend die „drei heiligen Madln": „Barbara mit dem Turm, Margareta mit dem Wurm, Katharina mit dem Radl, das sind die drei heiligen Madl".
Wie Burg Hof einmal ausgesehen hat, läßt sich schwer sagen. Der erhaltene turmähnliche Bau diente zweifelsfrei als Kapelle, die Zugangssituation scheint dieselbe gewesen zu sein wie heute, also das Tor neben der Kapelle. Auffällig ist die enorme Höhe des Sakralraumes. Dies aber nur im Chor und im vorderen Langhausjoch, denn der Apsis gegenüberliegend gab es eine Herrschaftsempore, die durch einen Hocheingang auf der Hofseite zu erreichen war. Sehr ungewöhnlich und letzten Endes auch noch nicht zufriedenstellend gedeutet, sind die Räume über der Kapelle, die wohl eine profane Nutzung hatten. Sie werden vom Einstieg zur Herrschaftsempore aus erreicht und zwar über eine Treppe, die in der Mauerdicke der Kapelle verläuft. Zwar ist dies die Mauer zum ehemaligen Innenhof der Burg hin, auf der gegenüberliegenden Seite ist sie aber genauso dick, zweieinhalb Meter. Bewußt hat man die hoch aufragende Kapelle mit ihrer nahezu fensterlosen Frontseite an die Zugangsseite der Burg plaziert. Ähnlich einer Schildmauer sollte der geweihte Bau sie vor Angreifern schützen.

Die spätgotischen Fresken in der Burgkapelle von Hof bedürfen dringend der Sanierung. Detail mit dem Apostel Petrus und seinen Insignien Schlüssel und Kreuzstab.

um 1150	erste urkundliche Erwähnung eines Vertreters des Geschlechts der Hofer, genannt Markward, ein Ministeriale des wittelsbachischen Pfalzgrafen Friedrich
13. Jh.	in der zweiten Hälfte des 13. Jahrhunderts spaltet sich das Geschlecht der Hofer in mehrere Nebenlinien auf
1318–1340	Burg Stefling wird von König Ludwig dem Bayern an die Hofer verpfändet
15. Jh.	ein Zweig der Familie nennt sich „Hofer von Sünching"; sie, ebenso wie die „Hofer auf Lobenstein", bleiben nachweisbar bis ins 17. Jahrhundert
heute	ist Burg Hof im Besitz der Stadt Nittenau

STEFLING

Schauplatz wilder Hexentänze

Neben Stockenfels und Hof ist Stefling die dritte jener Burgen im mittleren Regental, die das Tourismusamt des Landkreises Schwandorf in Zusammenarbeit mit dem Theater- und Festspielverein Nittenau zu Schauplätzen ihrer allsommerlich angebotenen „Geisterwanderung“ zusammenfaßt. Eine „Comedie im Stile alter Rittergeschichten“ gibt es da zu erleben, ein Spaß vor allem für Kinder ist die inbegriffene Kahnfahrt auf dem Regen, die Erwachsenen lockt „Geisterbier und Hexengulasch“. Dass das „magische Geisterdreieck“ tatsächlich zusammenhängt, erzählen bereits alte Sagen. So seien Stockenfels und Stefling durch einen unterirdischen Gang verbunden, Hexen der beiden Burgen träfen sich um Mitternacht, um ihr wildes Unwesen zu treiben. Einmal hätten sie es allerdings übertrieben. Denn ein gewisser Johann Christoph Münster, seines Zeichens nicht nur Burgherr auf Stefling, sondern auch im Rufe, als Teufelsbeschwörer Macht über die Geisterwelt zu haben, zwang eines Tages das ganze Gelichter, sich in seinem Schloßinnenhof zu versammeln.
Unter tatkräftiger Hilfe einiger Franziskaner gelang es Münster, den Geistern zu befehlen, sie sollten sich im Backofen der Burg zusammendrängen und gefälligst dort ihre Tänze aufführen. Mit dem Mitternachtsglockenschlag allerdings kamen die Hexen wieder frei und stürzten sich jetzt ihrerseits auf ihre vermeintlichen Bändiger. Lediglich die schnell herbeigeholten Kreuzpartikel, die man in der Steflinger Burgkapelle aufbewahrte, konnten die Hexen schließlich vertreiben. Ein inzwischen abgebrochener Backofen soll die ganze Szenerie auf einer Wandbemalung festgehalten haben.
Ein Christoph von Münster läßt sich übrigens tatsächlich für das Jahr 1656 nachweisen, als Lehensherr auf Stefling. Doch Burg und Siedlung scheinen weitaus älter zu sein. Namensformen wie „Steveninga“ oder „Stefninge“ tauchen in Urkunden auf, die früheste Nennung datiert auf das Jahr 996. Stefling ist also der am längsten besiedelte Ort im mittleren Regental. Damals gehörte er dem Grafen von Pabo, seines Zeichens Burggraf von Regensburg und Graf im westlichen Donaugau. Die Pabonen waren ein mächtiges Geschlecht im frühen bayerischen Stammesherzogtum. Ein Enkel von Pabo, mit Namen Otto, war in der zweiten Hälfte des 11. Jahrhunderts Bischof von Regensburg.

Gar wild geht es zu beim alljährlich stattfindenden Hexentanz in Stefling.

Blick von den südlichen Hängen der Regentalberge auf Stefling.

Burg Stefling auf einem Stahlstich von Friedrich Würthle um 1840. Regenfluß und Mühle, Ökonomiegebäude und Burg auf überhöhtem Fels zeigen ein romantisches Bild vom Regental.

Kurz vor der Wende zum 13. Jahrhundert starben die Pabonen aus und die Wittelsbacher erhoben Erbansprüche auf Stefling, weil der letzte Pabone, Otto II., mit einer Tochter des wittelsbachischen Pfalzgrafen verheiratet gewesen war. Im 14. Jahrhundert wechseln die Besitzer, unter anderem kommen auch die Hofer ins Spiel von der benachbarten Burg Hof, der dritten im mittleren Regental, von der vorher schon die Rede war. Dass die Anlage mit zwei Toranlagen, Zwinger, Bergfried, dreigeschoßigem Wohnbau und länglichem Burghof von beträchtlicher Trutzigkeit war, beweist der Umstand, dass die Hussiten die Burg vergeblich berannten. Wieder waren es die Wirren des Dreißigjährigen Krieges, die der Veste weitaus mehr zusetzten. Im 19. Jahrhundert kam die Burg in Besitz einer Grafenfamilie Eckart. Nach der Verehelichung der einzigen Tochter mit einem französischen General Du Moulin trug sie den Namen Mühle-Eckart. Noch heute ist die Burg in Privatbesitz.

996	erste urkundliche Erwähnung von „Steveninga" oder auch „Stefninge" und „Steuininga", das im Besitz des Regensburger Burggrafen Pabo ist
1196	die Pabonen sterben aus, Stefling kommt in den Besitz der Wittelsbacher, die Ministerialen einsetzen, die sich nach der Burg nennen
1329	die pfälzische Linie der Wittelsbacher wird Besitzer
1428	erfolglose Bestürmung durch die Hussiten
1656	Christoph von Münster erhält Stefling zum Lehen; um ihn kreist die Sage vom Hexentanz
1859	Umbau der Burgkapelle in der Vorburg; immer noch erhalten ein romanisches Kruzifix
19. Jh.	die Burg kommt in den Besitz der Grafenfamilie Mühle-Eckart

STOCKENFELS

Sagen von den büßenden „Biermalefizianten"

Die Annäherung an Burg Stockenfels sollte man genießen. Am stimmungsvollsten ist es wohl, sich bei Marienthal, wo es übrigens einen wunderschönen Biergarten gibt, mit der Zille über den Regen übersetzen zu lassen. Vor allem an Sonn- und Feiertagen betreibt dort ein älterer Herr das uralte Geschäft des Fährmanns – einen Preis für die Überfuhr nennt er nicht, über ein Trinkgeld freut er sich allemal. Drüben, auf der anderen Seite des Flusses, führt dann durch dichten Laubwald ein Wanderweg hinauf zur Burgruine Stockenfels. Die andere Variante wäre, über Eichlgütl im Norden zu kommen, auch dann aber muß man zu Fuß auf das Hochplateau über dem Regen steigen, denn bis heute führt keine Straße hinauf nach Stockenfels. Aber diese Lage, fernab von Siedlungen und Straßen, ist es ja gerade, die die Burg so faszinierend macht.

Zu Füßen des noch vollständig erhaltenen fünfstöckigen Turmhauses stehend, fällt es dann auch nicht schwer, sich in die zahlreichen Sagen und Geschichtchen einzufühlen, die über die Burg Stockenfels erzählt werden. Ihr nicht gerade vorteilhafter Leumund hängt vielleicht damit zusammen, dass sie seit alters her als Sitz von Raubrittern gilt, die natürlich so exponiert über dem Regen und den an seinen Ufern verlaufenden Handelswegen einen idealen „Adlerhorst" hatten. Vor allem ein gewisser Raubritter Kunz Schott zu Hellingen geistert, im wahrsten Sinne des Wortes, durch die Chroniken, „ungemein bösartig, händelsüchtig und rauflustig" soll er gewesen sein. Anscheinend hat er es aber zu weit getrieben mit dem Kaufleute-Überfallen, Ausplündern, Verschleppen und Gefangenhalten, denn 1523, heißt es, sei er in Ansbach wegen Raubes und Mordes enthauptet worden. Gefangengehalten auf Stockenfels, und zwar bis auf den heutigen Tag, werden aber auch ganz andere Gesellen. Zumindest wenn man den Sagen glaubt. Hierher verbannt werden alle, die sich eines in Bayern besonders schändlichen Vergehens schuldig gemacht haben, nämlich – horribile dictu – die Wasser ins Bier geschüttet haben. Das ist ja fast noch schlimmer als Mord und Totschlag! Deshalb müssen sie auch auf Burg Stockenfels – Bierpantscher-Walhalla sagen manche – bis in alle Ewigkeit dafür büßen. Die Strafen sehen, je nach Version der Sage, verschieden aus. Besonders possierlich ist jene Bilddarstellung von zwei Teufeln, die einen Bierpantscher vor der Silhouette von Stockenfels auf einem Stuhl festhalten und ihm eine Bierkanne zum Mund führen.

So im Leben ein Bräu gepantscht hat und geschmiert
Wird er nach seinem Tode hieher verkannesirt.
Man hört dann mitternächtig groß Klagen und Geschrei
Zur Strafe muß er trinken – das eigene Gebräu!

Laut einer anderen Version taucht mitternächtlich eine endlos lange Leiter aus dem eigentlich schon verschütteten Burgbrunnen heraus auf. Auf jeder Sprosse steht einer dieser Biermalefizianten (da sieht man mal, wieviel in Bayern der Volksmeinung nach gepantscht wurde). Unten am Brunnengrund füllt ein Teufelchen Eimer mit Wasser, von Hand zu Hand werden sie bis nach oben durchgereicht und von einem Oberteufel über die Burgmauer ausgeschüttet. So viel Wasser muß geschöpft werden, wie die Verwerflichen in das Bier geschüttet haben. Wenn also mal wieder Bäche vom Stockenfels herunterrinnen und der Regen Hochwasser führt, wissen wir, wie es um die Qualität des Bieres bestellt war!

14. Jh.	wohl in der ersten Hälfte des 14. Jahrhunderts wird Stockenfels erbaut, 1340 taucht es als Eigentum Kaiser Ludwigs des Bayern auf
1351	Verpfändung an die Regensburger Patrizierfamilie Auer, die die Burg als Ausgangspunkt für Überfälle benutzt
seit 1430	mehrfacher Besitzerwechsel, immer wieder ist von Raubrittern die Rede, so etwa von Georg von Heuras oder Kunz Schott
17. Jh.	im Laufe des Dreißigjährigen Krieges wird die Burg zerstört
seit 1986	heutige Besitzerin Gabriele Gräfin von Drechsel

Die Ruine Stockenfels ist nach der letzten Sanierung vor 15 Jahren in ihrem Bestand gesichert. Ein historisch gewandeter Kastellan führt im Sommerhalbjahr jeden ersten Sonntag im Monat durch die Gemäuer und erzählt Geschichte und Geschichten der Burg.

SCHWARZENBURG

Die Geschichte des Heinrich von Guttenstein als Theaterstück

Der Rötzer an sich ist ein lustiger Mensch. Jetzt kommt dann gleich die Szene im „Guttensteiner-Spiel", wo der Herr von Schwarzenburg einen kleinen Waldfrevler, ein armes Bäuerlein, das für seine vielköpfige Familie gewildert hat, hinrichten lassen wird, „Gleiches mit Gleichem, an einer Schlinge wirst du aufgehängt". Recht realistisch stellen die Laienschauspieler die grausliche Szene nach, einer der ihren wird an einen Baum gehängt ... natürlich mit einem versteckten Bergsteigergeschirr am Leib. Und da muß er jetzt eine Weile hängen bleiben. Der Nachbar neben mir sagt: „Für die Szene brauchen s' bei jeder Aufführung einen neuen Mann!"

Aufgelegt zum „Comedi"-Spielen war der Rötzer schon vor knapp 120 Jahren. Bereits 1892 spielten sie zum ersten Mal auf dem Schwarzwihrberg Theater. Die entsprechende Kulisse hatte man ja: Die Burg, wie sie sich heute dem Betrachter darbietet, stammt im Kern aus der ersten Hälfte des 12. Jahrhunderts, die Verwendung kleiner Steinquader deutet darauf hin. Auch wenn ein „Heinrich von Schwarzenburg" urkundlich bereits im frühen 11. Jahrhundert auftaucht, eine Vorläuferburg ist damit noch nicht bewiesen. Die Ringmauer umschließt zwei Burghöfe. Im oberen erkennt man die Reste der Burgkapelle zum Heiligen Kreuz sowie den Bergfried. Vom Wohngebäude, dem Palas, blieb nur eine Vertiefung. Artillerietauglich wurde die Burg ab dem frühen 16. Jahrhundert gemacht, durch ein Geschützrondell bei der Toranlage und zwei zungenförmige Bastionen.

Aber zurück zur Geschichte der Burg, die immer wieder Gegenstand von Theateraufführungen war. Am Anfang stand ein Ritterstück, „Kunz von Kauffungen", auf dem Programm. 1894 kam „Die Schlacht bei Hiltersried" hinzu, denn das legendäre Gefecht mit den böhmischen Hussiten, das für die zahlenmäßig überlegenen Eindringlinge 1433 mit einer vernichtenden Niederlage endete, fand ja nur wenige Kilometer entfernt statt. (Angeführt wurden die Oberpfälzer seinerzeit von Hindschi Pflug, Herr von Schwarzenburg.) Zuletzt wandte man sich der Geschichte Heinrich von Guttensteins zu, einem der Besitzer der Schwarzenburg.

Aus einem alten böhmischen Geschlecht mit weitverzweigtem Besitz soll er abstammen, der als verwegener Kriegsherr und Raubritter schlecht beleumundete. Die Stammburg stand einst auf der Tepler Hochebene, ein Vorfahre Heinrichs gründete das bekannte Kloster Tepl in der Nähe von Marienbad. War dieser Gaugraf Hroznata noch ein recht frommer Mann, so entwickelten sich die Nachfahren zu einer Kriegersippe mit immer größerem Machtgelüst. Heinrich und seine Brüder legten sich mit so ziemlich jedem an, einschließlich dem böhmischen König. Im Landshuter Erbfolgekrieg standen sie als Söldner auf Seiten des Pfalzgrafen Rupprecht. Der Friedensspruch von 1505, der mit der Neugründung der sogenannten Jungen Pfalz endete, damit allen Ansprüchen Genüge getan war, endete auch für die Guttensteiner Brüder recht lukrativ. Mit dem Geld, das Heinrich erhielt, kaufte er wahrscheinlich die Schwarzenburg. Nur fünf Jahre später mußte er sie wieder verkaufen. Der mächtige Burgherr war mittlerweile isoliert, die freie Reichsstadt Nürnberg und die böhmische Krone waren gegen ihn.

um 1120/30	Erbauung der Schwarzenburg
1332	die bayerischen Herzöge überlassen die Burg den Grafen von Leuchtenberg als Pfandschaft
1433	Hindschi Pflug ist Herr auf Schwarzenburg und führt die Oberpfälzer zu einem historischen Sieg über die Hussiten bei Hiltersried
1505–1510	Heinrich von Guttenstein hat die Schwarzenburg in Besitz
1504–1520	festungsmäßiger Ausbau
1996	Wiederaufnahme der Theatertradition mit einem neuen „Guttensteiner"-Spiel

Kein Hufgetrappel, kein Schwertgeklirr, nicht Feuer und Rauch wie an den Festspieltagen. Winterliche Ruhe auf dem Schwarzwihrberg und seiner Ruine.

RUNDING

Einst eine der größten Wehranlagen der südöstlichen Oberpfalz

Warum soll man nicht auch einmal spekulieren dürfen? So wie dies Dieter Kühn in seiner Neidhart-Biographie tut: Möglich wäre es gewesen, schreibt er dort, dass der große Minnesänger Neidhart . . . auf Burg Runding war! Seine Argumentationskette sieht so aus: Da gab es den Landgrafen Hermann von Thüringen. Weithin bekannt als ein Freund der fahrenden Dichtersänger. An seinem Hof waren sie fast alle. Warum also sollte nicht auch Neidhart versuchen, dass er dort einmal auftreten kann. Man müßte Beziehungen spielen lassen. Zum Beispiel die zum Bayernherzog Ludwig. Der hatte eine besondere Affinität zum bayerisch-böhmischen Grenzgebiet, weitete gerade im ersten und zweiten Jahrzehnt des neuen, des 12. Jahrhunderts seine Einflußsphäre nach dorthin aus. Zum Beispiel sorgte er für die Neugründung des Städtchens Cham, nur wenige Kilometer weiter flußabwärts von der vorherigen Siedlungsstätte auf dem Galgenberg (das heutige Cham-Altenstadt), in einer Schleife des Regens. Ludwigs Schwester aber, Sophie, war die Gemahlin eben jenes Landgrafen von Thüringen. Folglich schreibt Kühn: „Kaum vorstellbar, dass Neidhart nicht zumindest versucht haben sollte, in Thüringen aufzutreten. Vor solch einem Auftritt müßten einige Fäden gesponnen werden. [...] Ob Neidhart nun hinter dem Herzogspaar herreist oder ob er alleine nach Thüringen reiten will: er wird versuchen, in einer der Burgen der Region Cham und Lam aufzutreten, etwa auf Runding."

Was aber hätte Neidhart vorgefunden, wenn er tatsächlich nach Runding gekommen wäre? Eine Burg, deren älteste Teile man in das 11. Jahrhundert datiert. Um 1200 herum erhält die Anlage ihre Ringmauer. Runding wurde vorwiegend im 15. Jahrhundert in zwei Phasen zu einer repräsentativen, mächtigen Befestigung ausgebaut, eine der größten in der südöstlichen Oberpfalz. Bernhard Ernst, der seit Jahren hier Ausgrabungen macht und der seine Dissertation zum Thema „Burgenbau in der südöstlichen Oberpfalz" vorgelegt hat, schreibt hierzu: „Die Anlage nimmt eine maximale Gesamtfläche von ca. 174 m x 108 m ein und stellt damit die größte spätmittelalterliche Wehranlage des Bearbeitungsgebietes dar." Leider kann man davon heute nur mehr wenig sehen, einzelne Gebäudestümpfe, Mauerreste. „Runding ist der typische Fall einer Burganlage, die bei besserer Pflege in den letzten beiden Jahrhunderten heute noch nahezu unbeschädigt bestehen könnte", schreibt Bernhard Ernst. Dass dies nicht der Fall ist, ist vor allem den Entwicklungen im 19. Jahrhundert geschuldet, als verschiedene Besitzer die Burg zum regelrechten Ausverkauf und zur totalen Ausplünderung freigaben. Erst in den 90er Jahren des 20. Jahrhunderts erkannte man den Wert der schon arg „zerzausten" Anlage und sicherte zumindest die Ruinenreste. Sie erinnern heute an eine glanzvolle, weit zurückliegende Vergangenheit, in der, wer weiß, vielleicht sogar hoher Besuch auf Burg Runding weilte.

11 Jh.	älteste Teile der Burg, so die Wehrmauer an der südwestlichen Seite, entstehen
1118	erstmals urkundliches Auftauchen der „Herren von Runding" (Brüder Rudiger und Adalbert)
ab 1413	im Besitz der Familie Nothaft bis 1549
1641	völlige Plünderung durch die Schweden
1832	ein Bankier Hirsch aus München erwirbt die Burg, unternimmt aber nichts gegen den zunehmenden Verfall
1992	Sicherungsmaßnahmen der Ruine gegen den totalen Verfall

Ansicht von Runding nach einem Stahlstich von Johann Poppel. Datiert ist das Werk um 1850.
Diese Abbildung ist ein gutes Beispiel dafür, dass innerhalb von eineinhalb Jahrhunderten ein noch in Teilen gut erhaltenes Bauwerk zur völligen Ruine verkommt.

LICHTENECK BEI RIMBACH

Bayerwald-Sagenfiguren zu Theaterleben wiedererweckt

Seltsame Gestalten, die da durch das verfallene Gemäuer der Burg Lichteneck, gelegen auf einer dem Hohen Bogen vorgelagerten Hügelkuppe, geistern. Nicht ständig, aber doch alljährlich im Sommer. Dann nämlich wenn die Lichtenecker Burgfestspiele wieder angesagt sind. Da tritt dann zum Beispiel ein vor Kraft nur so strotzender Viehhirte vom Lusen auf, der „Eisengrein", der eigentlich ein ganz sensibler Mensch wäre, nur traut ihm das keiner zu, diesem wilden Waldmenschen. Hans Watzlik, ein wegen seiner Rolle im Dritten Reich nicht unumstrittener „Grenzlandautor", hat Eisengreins Geschichte, die naturgemäß in eine Katastrophe mündet, aufgeschrieben. Und Johannes Reitmeier, gebürtiger Kötztinger und mittlerweile Intendant des Stadttheaters in Kaiserslautern, hat daraus 1998 ein dramatisches Freilichtstück gemacht, wie geschaffen für die Kulisse der Lichtenecker Burgschauspiele.
Doch das war keineswegs der Anfang des 1985 unter dem Vorsitz von Walter Kolbeck gegründeten „Lichtenecker Bundes", der für die Burgfestspiele verantwortlich ist. Begonnen hatte alles mit einem Stück des Geistlichen Rats und Pfarrers von Rimbach, Dr. Otto Menzinger. Über ihn und sein Stück „Burg Lichteneck" heißt es auf der Homepage der Vereins (www.libu.de): „Wer ihn bei den Lichtenecker Spielen vor den altersgrauen Ruinen und dem jungen Grün der Buchen daherschreiten sah, fühlte, wie sich diesem Mann Vergangenheit und Gegenwart zu einer untrennbaren Einheit verbanden."
Aus Dr. Menzingers Feder stammt auch noch das musikalische Spiel „Hadumoth", das den sehr wahrscheinlichen Aufenthalt Wolfram von Eschenbachs auf dem nahen Haidstein zum Gegenstand hat. Von der Burg dort ist außer ein paar Mauerresten nichts mehr zu sehen. Dafür kann man nahe der Ortschaft Ried die 1000jährige Wolframs-Eiche bewundern, die, wenn das alles seine Richtigkeit hat, schon den berühmten mittelalterlichen Epiker beschattet haben müßte.
Nach den Anfängen mit Menzinger-Stücken kam die Ära des Johannes Reitmeier und mit ihm das Konzept, vor allem Sagengestalten des Bayerischen Waldes auf die Naturbühne der Burg zu bringen. Neben dem Eisengrein war dies etwa der legendäre Hellseher und Prophet Mühlhiasl. Auch diese Entscheidung war klug und treffend, weil es wohl kaum eine passendere Figur für ein solches „Spiel im Wald" gibt, als den in der Volksüberlieferung noch immer lebendigen Klostermüller aus Windberg. Zu Anfang des 19. Jahrhunderts war er von seinen Auftraggebern, den Prämonstratensern, auf wenig christliche Art vertrieben worden und streifte seitdem durch den Bayerwald. Und verkündete seine Prophetien, die meistens von Katastrophen und Weltuntergängen erzählten. Da der Mensch aber anscheinend eine Affinität zu Apokalypsen hat, wurden sie gerne gehört und gerne weitererzählt, die seherischen Worte des Mühlhiasl.
Zwar gibt es Forscher wie den Volkskundler Reinhard Haller, die rundheraus behaupten, den Waldpropheten Mühlhiasl habe es nie gegeben, aber das kann ja wohl einen Theatermann nicht davon abhalten, die Geschichte dieser volkstümlichen Figur mit allen Theatereffekten als ein grandioses Spektakulum darzubieten. Genau das hat Johannes Reitmeier in den Jahren 1992 bis 1994 auf der Lichtenecker Burgruine getan. In Erinnerung daran wartet nun alles gespannt auf seinen nächsten Bühnen-Coup.

um 1300	erste urkundliche Erwähnung im Urbar des Viztumamtes Straubing
1350	Hans I. Sattelboger, Richter zu Eschlkam, nennt sich erstmals „von Lichteneck"
1420/30	angenommene Zerstörung durch die Hussiten
1490	während des sog. „Löwleraufstandes" gerät die Burg an den bayerischen Herzog Albrecht
1558	in einer Beschreibung der Hofmark Rimbach ist in Bezug auf Lichteneck als „ein Öds Schloß" die Rede; die Anlage scheint also schon im frühen 16. Jahrhundert zur Ruine verfallen zu sein
1985	Neugründung des „Lichtenecker Bundes", der seit 1986 alljährlich eine Freilicht-Theaterinszenierung auf der Burg durchführt

Die nach 1300 entstandene Kernburg von Lichteneck stellt eine bauliche Besonderheit in der Oberpfälzer Burgenlandschaft dar, bestehend aus einem Wohnbau, der an den Schmalseiten von zwei Bergfrieden flankiert wird. Vergleichbare Anlagen finden wir vor allem im böhmischen Raum.

FALKENSTEIN

„Haus des Gastes", Heimatmuseum und Burghofspiele

Über 600 Meter ist er hoch, der Granitkegel, der aus dem Tal des Perlbaches aufsteigt. Mächtige Felsblöcke liegen auf seinen dicht bewaldeten Abhängen. Und zuhöchst auf der Felskuppe steht trutzig Burg Falkenstein, eine der frühesten, aber auch eine der am besten erhaltenen Burgen des zwischen Donau und Regen gelegenen Vorwaldes. Einst dehnte sich hier der Reichsforst aus, den Kaiser Konrad I. wohl im Jahre 914 dem Hochstift Regensburg zum Geschenk machte. Im Jahre 1074, das war zur Amtszeits von Bischof Tuto, findet man jedenfalls in den Annalen des Hochstifts einen Hinweis auf die Besitzungen in Falkenstein, demnach scheint dort schon eine Burg gestanden zu haben. Als Lehensmänner der Regensburger Bischöfe tauchen die Grafen von Bogen auf, jenes mächtige Geschlecht von den Ufern der Donau, aus deren Familienwappen sich die weiß-blauen bayerischen Rauten entwickelt haben.
Im folgenden wechselte die Burg häufig den Besitzer, es waren Grafen und Wittelsbacher Herzöge, das Geschlecht der Hohenfelser und das von Törring zu Jettenbach. Zuletzt, das war in der ersten Hälfte des 19. Jahrhunderts, kam Falkenstein gar in die Hände der Regensburger Thurn und Taxis, aber da war die Anlage schon unbewohnt und im beginnenden Verfall begriffen. Den konnten auch die Regensburger nicht entscheidend aufhalten. Wohl um diesen „Sanierungsfall" wieder loszuwerden, machten die Thurn und Taxis 1976 der Marktgemeinde Falkenstein die Burg zum Geschenk. Und etwas besseres hätte kaum passieren können, denn die Marktgemeinde, ein Kuratorium „Rettet die Burg" und das Bayerische Landesamt für Denkmalpflege zusammen restaurierten die Anlage grundlegend. Es zog dort ein „Haus des Gastes" ein, ideal geeignet für Tagungen, Seminare, Ausstellungen sowie Konzerte, es eröffnete ein Heimatmuseum zu dem Schwerpunktthema „Jagd", und es etablierten sich die Falkensteiner Burghofspiele. Man kann sie, wie das die Gemeinde auf ihrer Homepage tut, mit Fug und Recht die „Kammerspiele" im mit Freilichttheatern ja so reich bestückten Landkreis nennen, haben sie doch ihren Spielort in dem sehr stimmungsvollen, eng umbauten Burginnenhof von Falkenstein.
Die Gebäudeteile, die den Innenhof umschließen, sind unterschiedlichen Baudatums. Gerade an Falkenstein kann man das Wachsen einer im Kern mittelalterlichen Burg sehr schön ablesen. Der auf quadratischem Grundriß errichtete, imposant aus dem Fels heraus„wachsende" Bergfried ist sicherlich der älteste Teil. Später kamen die Burgkapelle und die Wohntrakte hinzu.
Der sehr schöne Arkadengang im Hofinneren stammt aus dem frühen 17. Jahrhundert. Er im speziellen ist es, der den Innenhof zur idealen Theaterkulisse macht.
Begonnen haben die Burghofspiele im Jahre 1921. Über hundert Akteure spielten damals in dem Stück „Die Hohenfelser auf Falkenstein" mit. Allerdings blieb dies eine einmalige, wenn auch sehr erfolgreiche Angelegenheit. Zur Wiederaufnahme der Tradition, auf der Burg zu spielen, kam es erst wieder 1976. Dann aber gleich mit Riesenerfolg. Seitdem steht jedes Jahr ein neues Stück auf dem Programm. Zu sehen waren bisher unter anderem Inszenierungen des „Zerbrochenen Krugs" von Heinrich von Kleist oder des „Brandner Kaspars" von Franz von Kobell.

Falkenstein, Stahlstich von Bernhard Grueber, entstanden um das Jahr 1850.

Im ersten zarten Grün des Frühlings: der Markt Falkenstein und seine Burg. Man vergleiche einmal Foto und Zeichnung. Da sind die Felsen steiler und höher, die Burg strebt himmelwärts – künstlerische Freiheit.

1074	taucht Falkenstein in einer Urkunde des Hochstifts Regensburg auf, zu dessen Besitz die Burg zu diesem Zeitpunkt gehört; Bau der Burg wohl ein paar Jahrzehnte vorher
Ende 12. Jh.	die Grafen von Bogen werden Herren auf Falkenstein, ihnen folgen die Hohenfelser
um 1428	ein Angriff der Hussiten wird abgewehrt, angeblich von besonders tapferen Falkensteiner Frauen (sog. „Weiberwehr")
18. Jh.	bereits im frühen 18. Jahrhundert wird die Burg von ihren Besitzern nicht mehr bewohnt; als 1829 die Regensburger Thurn und Taxis Falkenstein kaufen, ist sie bereits im Verfall begriffen
1976	die Familie Thurn und Taxis schenkt die Burg der Gemeinde Falkenstein; Generalrestaurierung

Aus der Luft erschließt sich einem die Anlage am besten. Links auf dem Granitfelsen der quadratische Bergfried mit Zinnenkranz und dem angebauten Palas, die Keimzelle der Burg. Um den Burghof gruppieren sich die Gebäude, die vorwiegend dem frühen 17. Jahrhundert angehören. Durch ihre nach innen geneigten Pultdächer wird die Außenfassade überhöht.

Die Aussicht vom Bergfried über den Vorderen Bayerischen Wald ist einzigartig. Man lasse sich auf dem Turm vom Tonband die Geschichte erzählen, wie mutige Frauen im Jahre 1429 bei der Verteidigung der Burg gegen die Hussiten geholfen haben. Der Zwinger vor dem Bergfried trägt seitdem den Namen „Weiberwehr“. Links vom Turmkreuz der Burgkapelle sieht man die Wallfahrtskirche Marienstein.

REGENPEILSTEIN

Auf „steilem Stein“ über dem Ufer des Regen

Regenpeilstein, die auf „steilem Stein“ – so nämlich dürfte der Name zu deuten sein – am Ufer des Regen gelegene Burg hat einen Nachteil: es gibt die namensähnliche Burg Sattelpeilstein. Und dann liegen sie auch beide noch so nahe beieinander. Die eine – Sattelpeilstein – etwas südlich von Cham, die andere bei Roding. Beide gehörten sie zum Besitz des Geschlechts der Peilsteiner, das schon ab Mitte des 12. Jahrhunderts nachweisbar ist. Das führt leicht zur Verwechslungen. Nicht eindeutig feststellbar ist oft, welches Peilstein denn nun gemeint ist in einer bestimmten Urkunde, das bei Cham oder das bei Roding.

Was man indes weiß, dass die noch heute in Privatbesitz befindliche Burg erstmals um 1285 urkundlich erwähnt wird. Zu dieser Zeit dürfte lediglich der älteste Teil erbaut gewesen sein, der rechteckige Bergfried. In ihm finden wir einen Saalbau, die frühere Kemenate und darunter im Erdgeschoß die ehemalige Küche, mit Anschluß an Keller- und Vorratsräume.

Stichwort Kemenate: Es ist ein immer wieder zu lesendes und zu hörendes Stereotyp, dass jede Burg ein eigenes Frauengemach besessen hat und dies oft der einzig beheizbare Raum gewesen sei. Mittellateinisch „caminata“ bedeutet „der Kamin“, und davon leitet sich eben die Bezeichnung Kemenate ab. Doch war dem wirklich so? Joachim Zeune meldet in seinem 1996 erschienenen Standardbuch „Burgen – Symbole der Macht“ dagegen Zweifel an. „Wir dürfen nicht vergessen“, schreibt er, „dass sich die zeitgenössischen erzählenden Schriftquellen vorwiegend mit den spektakulären Burgen beschäftigen und ein irrelevantes Bild der mittelalterlichen Burg zeichnen.“ Eine durchschnittliche Anlage – und viele der in diesem Buch behandelten wird man dazu zählen müssen – war viel zu klein und beengt, als dass sie sich ein eigenes Frauengemach hätte leisten können. Außer der Familie des Burgherrn und vielleicht noch deren Ehrengäste, die in sogenannten Spannbetten schliefen – das waren vier Bettpfosten mit dazwischen gespannten Stricken, was eine gewisse Federung beim Liegen bewirkte –, nächtigte man einfach in irgendeinem Eck auf Decken und Kissen, auch auf Liegepolstern, die hießen damals schon „Matratzen“ und waren im besseren Fall mit Wolle oder Haaren, im schlechteren mit Stroh gefüllt. Meist krochen mehrere Personen zusammen unter eine Decke, um sich gegenseitig zu wärmen. Und zwar in der Regel nackt, das war so Sitte, betont Dieter Kühn in seiner „Neidhart“-Biographie. „Die Peinlichkeitsgrenzen, die heute ‚natürlich‘ erscheinen, sie waren im Mittelalter so gut wie überhaupt nicht vorhanden.“

Regenpeilstein ist ein schönes Beispiel für so manche Oberpfälzer Kleinburg. Um den ehemals freistehenden Bergfried gruppieren sich die Gebäude, die zugleich den Bering bilden.

Da haben wir also wieder einiges gelernt, über das ritterliche Leben des Mittelalters. Ähnlich wird es wahrscheinlich auch auf Regenpeilstein zugegangen sein, einer Burg, die vom 16. Jahrhundert an zwar einen häufigen Besitzerwechsel erlebte, die aber doch immerhin bis auf den heutigen Tag bewohnt ist. Im 20. Jahrhundert waren es vor allem baltische Adelsfamilien, die hier Zuflucht fanden. Einen Baron von Üxküll finden wir unter den Besitzern – ein enger Verwandter von ihm war der Begründer des „Alternativen Nobelpreises“. Über Üxkülls Besuch auf der Burg wie auch über den seiner Nachfolger gibt ein aufschlußreiches Gästebuch Auskunft, das Herbert Lang in der heimatkundlichen Schriftenreihe „Rodinger Heimat“ ausführlich vorgestellt hat.

Spiegelbild der Burg Regenpeilstein im Regenfluß an einem windstillen Sommerabend.

um 1285	erste urkundliche Erwähnung eines „castrum in Peilstein“ im Amt Wetterfeld
1329	durch den Vertrag von Pavia fällt auch Regenpeilstein an die Pfälzer Linie der Wittelsbacher
ab 1455	das Geschlecht der Zenker wird als Herren auf Regenpeilstein geführt
ab 16. Jh.	häufiger Besitzerwechsel, während des Dreißigjährigen Krieges wahrscheinlich Teilzerstörung
1636	Übereignung durch Maximilian I. an seinen Kammerpräsidenten Johann von Mändl
1790	das Hauptgebäude erhält sein heutiges Aussehen

LOBENSTEIN

Die Hofer von Lobenstein: eine wittelsbachische Ministerialenfamilie

Burg Lobenstein liegt auf einer Felskuppe über der Ortschaft Zell, die man über die alte Bundesstraße 16 Regensburg–Roding erreicht. Von Zell aus führt ein Fußweg hinauf zu der Ruine, die genaugenommen nur aus einem einzelnen Turmhaus besteht mit einer den engen Hof umschließenden Ringmauer. Früher existierte darüber hinaus im Südwesten ein weiteres großes Gebäude, von dem sich kein aufgehendes Mauerwerk mehr erhalten hat.
So bescheiden und klein die Anlage sein mag, so typisch ist sie für die Oberpfalz. Man hat von dort oben einen wunderschönen Ausblick auf die sanft gewellten Hügel des Vorwaldes. Das mag mit ein Grund sein, warum an einem Sonntag wie diesem – die Luft ist klar, der Himmel blau – der obligate Nachmittagsspaziergang gerne zur Ruine hinaufführt. Vor uns geht eine junge Familie mit zwei Buben, die, je näher wir der Burg kommen, desto weiter vorauslaufen. Schließlich verschwinden sie aus dem Blickfeld. Bis die „Alten" schnaufend nachkommen, haben sie schon die Burg in Besitz genommen. Über eine Stahltreppe ist das obere Stockwerk des Turmhauses zu erreichen. Natürlich turnen sie dort herum, die Buben, und sind schon ganz eingetaucht in ein Ritterleben, wie sie es sich vorstellen.
Wie aber war das tatsächlich: eine Kindheit im Mittelalter? Erst einmal: Wohl dem, der überhaupt eine erlebte, es schaffte, sie zu durchleben. Die Kindersterblichkeit war so groß, dass nur die Hälfte aller Neugeborenen die Zeit der Adoleszenz, also ungefähr ein Alter von 12 Jahren, erreichte. Und das wußte auch jeder. Das war eine Selbstverständlichkeit. Hatte aber anscheinend eines zur Folge, was wir Heutigen uns kaum vorstellen können: Die emotionale Bindung zu den Kleinkindern war garantiert nicht so wie heute, wo es ja der Regelfall wird, dass ein, maximal zwei Kinder die „Krönung" eines bereits halb gelebten Lebens mit diversen Karrieren darstellen. Entsprechend groß ist dann der „Brutpflege"-Trieb, nach so lange aufgeschobenem Kinderwunsch. So etwas konnte man sich im Mittelalter gar nicht leisten. Dieter Kühn schreibt hierzu: „Zu groß wäre bei jedem Todesfall die Belastung geworden. Ein Kleinkind war wie ein Probestück innerhalb einer größeren Serie, war noch halb anonym, konnte jederzeit wieder verschwinden."
Wahrscheinlich hatte man auch gar kein Bewußtsein für die Besonderheiten dessen, was wir heute Kindheit nennen. Kinder waren kleine Erwachsene. Das stellt man übrigens auch an Physiognomien von Jugendlichen, die man von Bilddarstellungen aus dieser Zeit kennt, fest: Sie wurden im Grunde als Erwachsene gezeigt. Mit zehn Jahren galt ein Bub als erwachsen, mit vielleicht noch etwas heller Stimme, aber erwachsen. Bei Adels- und Rittergeschlechtern war es so, dass ein „jungherrelîn" bereits mit sieben Jahren seine Familie verlassen mußte. Er kam als Page zur Frau eines anderen Ritters. Mit vierzehn wurde er Knappe, später dann Edelknecht, und das bedeutete, er wurde unter anderem eingewiesen in den Gebrauch von Waffen, in die Kunst ritterlichen Reiterkampfes. Sicher sind solche Knappen auch bei konkreten Kriegshandlungen schon mit dabei gewesen. Ob das jene heutigen Buben mitbedenken, die, man sieht's ihnen ja an (und man war selber als Kind nicht anders), keinen sehnlicheren Wunsch haben, als einmal ein „echter Ritter" zu sein, ob sie also mitbedenken, dass es dann eine solche „glückliche", spielerische Kindheit für sie kaum gegeben haben dürfte? Natürlich bedenken sie es nicht mit! Aber das ist ja das Recht ihrer Kindheit.

1339	Eiban von Peilstein verkauft an Eberhard von Hof einen bereits bestehenden „prukstall bei Zelle"; die wittelsbachische Ministerialenfamilie nennt sich ab jetzt Hofer von Lobenstein
um 1428	Zerstörung der Burg im Zuge der Hussiteneinfälle in die Oberpfalz
1489	Dietrich Hofer tritt dem Löwlerbund bei und stellt sich an die Seite des böhmischen Königs Wladislaw II.; Lobenstein wird daraufhin vom bayerischen Herzog eingenommen
1689	Lobenstein wird als „ein oedes Wesen und blosser Stainhauffen" bezeichnet, muß also bereits seit einiger Zeit aufgegeben worden sein

In der Nähe der Ortschaft Alletswind hat man diese Aussicht auf das Turmhaus von Lobenstein. Es ist, wie auch bei manch anderer Burg, direkt auf den anstehenden Fels gesetzt. Runde Felsbuckel ragen aus dem Mauerwerk.

Übermannshohe, von Jahrtausenden rundgeschliffene Felsblöcke liegen auf einer Wiese vor der Ruine Lobenstein. Nicht weit davon das Naturdenkmal mit dem Namen „Bücherl". Auch aus diesem Grund lohnt sich eine kleine Wanderung um die Burg herum.

THIERLSTEIN

Hinaufgebaut auf den Quarzgang des „Pfahls"

Wer auf der Bundesstraße 22 von Cham nach Roding fährt, kommt gar nicht umhin, dass ihm Schloß Thierlstein ins Auge springt. Die nahezu ebene Regenauenlandschaft hat hier eine markante Erhöhung, nämlich das Quarzriff des sogenannten „Pfahls", der sich bis in den Bayerischen Wald hinunterzieht. Bei Weißenstein am Regen, steht auch eine Burg, direkt hinaufgebaut auf den Quarzgang, und dort lebte – denkbar spartanisch im sogenannten Getreidekasten – bis 1974 der wohl bekannteste Burgherr Ostbayerns, der baltische Schriftsteller Siegfried von Vegesack. Genau auf dieser Erhebung also steht Burg Thierlstein, und zwar in einer ziemlich ungewöhnlichen Gestalt.
Der zinnenumkränzte, runde Bergfried nämlich – auf einem Kupferstich von Michael Wening trägt er noch ein kegelförmiges Dach – stößt direkt aus den Wohnbauten hervor. Von ihm aus muß man einen herrlichen Überblick haben über die Regenauen und über die vielen kleinen, wie Spiegelscherben übers Land verstreuten Weiher, die von den Herren auf Thierlstein zur Fischzucht angelegt worden sind.

Das heutige Thierlstein, vor einigen Jahren umfangreich instandgesetzt, ist ein Konglomerat aus verschiedenen Baustilen, allerdings ein höchst reizvolles. Um den Bergfried und den Palas aus der Mitte des 14. Jahrhunderts lagern sich Wohntrakte an, ein rechteckiger Palas in nördlicher Richtung, ein weiterer in südlicher. Zuletzt wurde der Turm in der Renaissancezeit ganz „eingemauert". Anbauten im Westen kamen hinzu, aus der Burg wurde schließlich ein kleines Landschloß. Die Wohnräume wurden, gemäß dem Geschmack der Zeit, verschönert, das heißt, es kamen Wandmalereien hinzu. Die Herren von Thierlstein hielten einiges auf Repräsentation.
Als urkundlich am frühesten faßbarer Vertreter dieser Familie taucht ein „Ritter Stefan Turlinger ze dem Lichtenstain" auf . . . ja, Lichtenstein, denn so hieß Thierlstein ursprünglich, wohl des licht glänzenden Quarzfelsens wegen, auf dem es steht. Thierlinger tauchen nun die Jahrhunderte hindurch immer wieder in den Quellen auf, sie sind Teilnehmer an der Hussitenschlacht von Hiltersried und nehmen teil am Löwleraufstand gegen Herzog Albrecht IV. von Bayern-München (vgl. hierzu auch die Guttensteiner-Geschichte vom Rötzer Schwarzwihrberg). Der letzte Thierlinger fiel in der Schlacht am Weißen Berg, von da an gibt es dann einen munteren Besitzerwechsel (unter ihnen auch die Familien Köckh und Lichtenstein, deren Familienwappen noch heute über dem barocken Eingangsportal zur Hauptburg zu sehen sind). Nach 1945 wurde das Schloß eine Zeitlang als Flüchtlingsunterkunft genutzt, was einiges an Schäden hinterließ. Seit 1984 ist es wieder im Privatbesitz der Familie Freiherr von Schacky zu Schönfeld, die schon einmal Anfang des 19. Jahrhunderts Herr auf Thierlstein war. 1988/89 fand noch einmal eine umfangreiche Renovierung statt.

um 1360	der Kern von Burg Thierlstein, der heute ganz ummauerte Bergfried, entsteht auf einem Quarzriff des „Pfahls"
1400–1450	erhebliche Erweiterungsbauten, unter anderem wird eine noch heute sichtbare Balkendecke ins Hauptwohnhaus eingezogen
1488	Thierlstein wird erstmals als Hofmark bezeichnet
um 1530	Erweiterungen im Renaissancestil Thierlstein kommt in den Besitz der Familie Köckh zu Mauerstetten; sie fügt der Anlage eine Schloßkapelle und einen Schloßpark hinzu
1811	erstmals wird die Familie Freiherr Schacky von Schönfeld Besitzer, die nach einigen Wirren und Besitzerwechseln nun seit 1984 Thierlstein wieder als Privatsitz nutzt

Abendliche Novembernebel haben sich über das Regental gelegt. Thierlstein scheint im blauen Dunst zu schweben. Dahinter der Kamm des Kaitersberges mit dem aufblitzenden Gipfelkreuz des Kreuzfelsens.

Über dem Naturschutzgebiet Rötelseeweiher steht auf einem Quarzriff des Pfahls die Burg Thierlstein. Ihre Herren hatten im 16. Jahrhundert die Weiher zur Fischzucht anlegen lassen.

KÜRNBURG

Um 1500 festungsmäßig ausgebaut

Eine höchst respektable Anlage, die da nach einem kurzen Anstieg im dichten Baumbestand vor einem auftaucht. Von den Ausdehnungen her ist sie eine der größten der Oberpfalz. Aber auch eine der jüngsten. Betritt man durch das äußerste Tor den ersten Burghof und orientiert sich grob, wird man feststellen, dass die Anlage keinen Bergfried hat. Das ist typisch für Burgen des späten Mittelalters.
1346 erhielt Dietrich von Kürner von Pfalzgraf Rupprecht Stamsried zum Lehen, wenige Jahre später, 1354, errichtete er auf dem Haidberg die Kürnburg. Um 1500 herum erfährt sie einen festungsartigen Ausbau, um durch eine gestaffelte Verteidigung dem zunehmenden Einsatz von Feuerwaffen entgegenzuwirken. Auffälligstes Kennzeichen ist der mächtige, viergeschoßige Batterieturm in der Wehrmauer des ersten Vorhofes.
Wie die Türme im wesentlich höher gelegenen zweiten Hof ist auch der Batterieturm in Schalenbauweise errichtet. Schalentürme sind zur Hofseite hin offen. Das hatte einmal den Grund, Baumaterial zu sparen, zum anderen konnte ein solcher Turm, war er erst einmal vom Feind eingenommen, nicht als Deckung für weitere Angriffe in Richtung der Kernburg dienen. Am Batterieturm ist es lohnend, einmal die Schießscharten genauer zu betrachten. Grundsätzlich verjüngen sie sich zur Schartenöffnung hin, nach hinten weiten sie sich, damit der mit einer Hakenbüchse oder einem kleinkalibrigen Geschütz hantierende Verteidiger ein größeres Schußfeld und genügend Bewegungsfreiheit zum Bedienen der Waffe hatte. Typisch für die Zeit sind die Maulscharten, wie man sie auch am Kürnburger Batterieturm findet. Früher, als es noch keine Feuerwaffen, sondern nur Pfeil und Bogen oder die Armbrust gab, herrschte der stehende Schlitz vor. Bei der Maulscharte liegt der Schlitz, wie der Name schon sagt, waagrecht wie ein Maul. Eine weitere Form ist die im 15. Jahrhundert aufkommende Schlüsselscharte. Immer war es die Absicht, Gewehr- oder Kanonenläufen eine bessere Beweglichkeit zu ermöglichen, wobei der Schlitz zum Visieren diente.

Der späten Bauzeit (1354) entsprechend, besaß die Burg keinen Bergfried mehr, sondern ein wehrhaftes Turmhaus, dessen Mauern heute noch über acht Meter aufragen.

Vom äußeren Hof führt eine weitere Toranlage in den zweiten Hof, wo man rechter Hand noch die Reste der Burgkapelle erkennt. Schließlich geht es durch ein drittes Tor in die eigentliche Kernburg, die noch einmal ein Stück höher liegt als der zweite Hof. Hier steht der turmartige Wohnbau, der sogar unterkellert war. In den Wänden sind die Löcher zu erkennen, in die die Tragbalken der Geschoßdecken eingeschoben waren. Dort, wo früher Fenster waren, gähnen heute große Öffnungen in den Wänden. Die eigentlichen Fenster mit ihren Hausteineinfassungen hat man längst herausgebrochen und andernorts verbaut. Was wir heute sehen, sind nur mehr die Fensternischen mit ihren seitlichen Sitzbänken.

1354	erste urkundliche Erwähnung Dietrichs von Kürner; der älteste Teil der Burg dürfte auch nicht recht viel früher entstanden sein
1417	Ulrich von Warberg, zeitweise auch Pfleger in Cham, nennt sich erstmals Herr auf Kürnburg; möglicherweise durch ihn die Erweiterung der inneren Hauptburg um den Zwingerhof
1499	Ludwig von Habsburg erwirbt die Burg
1532	nach vorausgegangenen Streitigkeiten Verkauf der Burg an Georg von Murach
1633 od. 34	die Schweden brennen die Kürnburg nieder; ein Wiederaufbau erfolgt nicht
seit 1742	die Ruine geht über in den Besitz des Regensburger Schottenklosters; nach der Säkularisation bayerischer Staatsbesitz

Eine immer wirkungsvollere Belagerungsartillerie besiegelte das Schicksal vieler mittelalterlicher Burgen. So mancher Burgherr hat noch versucht, diese Entwicklung aufzuhalten. Auch die Kürnburg wurde zu Beginn des 16. Jahrhunderts artillerietauglich ausgebaut, wie das Geschützrondell an der Nordwestecke mit seinen vier Feuerebenen zeigt.

KALLMÜNZ

Eine Perle in der Oberpfälzer Burgenlandschaft

„Man mag kommen, von welcher Seite man will, immer ist es der Schloßberg, ein mächtiger 100 Meter hoher Kalksteinblock, der mit seiner altersgrauen Ruine zuerst den Blick des Wanderers gefangen nimmt." Johann Baptist Laßleben, Gründer des gleichnamigen Heimatverlages, einem der ältesten der Oberpfalz, schrieb diese einem Fanfarenstoß gleichkommenden Worte vor genau 100 Jahren. Zutreffend sind sie indes noch immer. Genauso wie das Attribut, das er seiner Heimatstadt im Untertitel der Ortschronik von 1904 anheftete: „Kallmünz: Perle des Naabtals". In der Tat ist das so malerisch am Zusammenfluß von Vils und Naab gelegene Städtchen von einer ganz besonderen Anziehungskraft. Und ohne Zweifel trägt die majestätisch über dem Ort thronende Burg, eine der schönsten der gesamten Oberpfalz, ganz entscheidend dazu bei.

Funde primitiver Werkzeuge aus Hirschhorn und Knochen beweisen, dass der Schloßberg, wie er heute heißt, schon in der Jungsteinzeit von Menschen besiedelt gewesen sein muß. Ein mächtiger Abschnittswall, der den Bergsporn, auf dem die Burg liegt, im Nordwesten gegen die Hochfläche abriegelt, diente als Bollwerk gegen die Einfälle der Ungarn in der ersten Hälfte des 10. Jahrhunderts. Rund 250 Jahre später wurde mit dem Bau jener Anlage begonnen, die dem Schloßberg die weithin sichtbare Krone aufsetzte – „man mag kommen, von welcher Seite man will".

Ist man erst einmal den Schloßberg hinaufgestiegen und spaziert auf dem Plateau etwas umher, wird einem die Weitläufigkeit der Burg bewußt. Weite Teile des Berings sind erhalten, mit Schalentürmen und Torbau im Norden. Ziemlich zentral steht der Bergfried, deutlich zu erkennen der etliche Meter über dem Bodenniveau liegende Einstieg (die Öffnung am Fuße des Turms ist erst viel später eingebrochen worden). An der Spitze des Bergsporns dann der Palas, von dessen Wänden aus es steil bergab geht, hinunter zu den Flußläufen von Naab und Vils. Besondere Aufmerksamkeit sollte man auf die Rundbogenfenster legen, die mit ihren eingestellten Säulchen sowie Tier- und Pflanzenreliefs in ihrer Art selten sind.

Sie, diese Fensteröffnungen, sind es auch, die vom Fuß des Berges her, vom Städtchen Kallmünz aus, besonderen Eindruck machen. Sicher auch den vielen Landschaftsmalern, die ab 1800 Kallmünz als besonderes Motiv entdeckten. Max Joseph Wagenbauer und Domenico Quaglio waren die ersten, ihnen folgten nach 1900 immer wieder private Malklassen, beispielsweise des Münchner Akademieprofessors Charles Palmié. Welche malerischen Motive Kallmünz bot, scheint sich schnell in den Künstlerkreisen Münchens herumgesprochen zu haben. Der 35jährige Wassily Kandinsky kam mit seiner Malschule „Phalanx" ebenfalls hierher; eine seiner Schülerinnen war die 26jährige Gabriele Münter. Ja, mehr als das, sie wurde auch die Geliebte des verheirateten Kandinsky und blieb es zwölf nicht einfache Jahre lang. Gemeinsam zogen sie durch die Umgebung von Kallmünz, malten natürlich auch Schloßberg und Burg sowie Porträts voneinander. Kandinskys bekanntes Bild „Frau im blauen Mantel" ist zum Beispiel im Biergarten der „Roten Amsel" entstanden; die Malerin im blauen Mantel an der Staffelei ist niemand anderes als Gabriele Münter.

1200 v. Chr.	Anlage eines bronzezeitlichen Befestigungswalles auf dem Burgberg
983	erste urkundliche Erwähnung von Kallmünz
um 1200	Errichtung der Burg, die zusammen mit Burglengenfeld Hauptstützpunkt der Wittelsbacher im Nordgau wird
1504	Zerstörung der Burg im Verlauf des Landshuter Erbfolgekrieges
1607	wieder instand gesetzt
1641	von den Schweden eingenommen, seither Ruine

Blick in den ehemaligen Palas der Burg Kallmünz. Im Obergeschoß mit den schönen Drillingsfenstern befand sich einst der Rittersaal. Die von flachen Segmentbögen überfangenen Fenster werden durch zwei eingestellte, schlanke Säulen in drei Öffnungen gegliedert – äußerst qualitätsvolle Arbeiten, wie sie bei Oberpfälzer Burgen nicht alltäglich waren.

Vielfach schon ist Kallmünz gerühmt worden, als Perle des Naabtals etwa oder als einer der schönsten Orte der Oberpfalz. Fluß und Berg, Kirche und Ruine, enge Gassen und schön restaurierte Häuser, Kunst und Wirtshaus – all das zusammen ergibt eben Kallmünz.

BRENNBERG

Das traurige Ende des Minnedichters Reinmar von Brennberg

In der „Großen Heidelberger Liederhandschrift", dem „Codex Manesse", findet man eine mittelalterliche Darstellung von einiger Grausamkeit: Vier Männer sehen wir da, Mordgesellen!, wie sie einen ehrenhaften Ritter gehörig hernehmen: Der eine rammt ihm gerade sein Schwert in die Seite, der andere stößt einen Dolch senkrecht in den Kopf des Opfers.
Der da stirbt, soll ein Dichter gewesen sein, Reinmar von Brennberg, ein Minnesänger aus der ersten Hälfte des 13. Jahrhunderts. Perinhart und Werinher von Primberch gehören zu seinen Vorfahren, ihre Namen tauchen bereits im 11. Jahrhundert auf, und zwar als Herren der Burg Brennberg. Sie waren Ministerialen des Hochstifts Regensburg. Wie die Ruinenreste – etwa des sogenannten Auer Turmes, der Kapelle und der Wohnbauten – noch heute erkennen lassen, war die gesamte Anlage seit dem späten 14. Jahrhundert zweigeteilt: in Ober- und Unterbrennberg.
Und hier hat also auch der Minnesänger Reinmar gelebt und seine „etwas zu üppig ausgeschmückten Minnesprüche" gedichtet, so jedenfalls charakterisiert sie der Literaturhistoriker Hans F. Nöhbauer. Reinmar scheinen seine dichterischen Herzensergüsse zum Verhängnis geworden zu sein. Der Gatte einer angesungenen Dame nahm ihm seine dichterische Verehrung übel. Dabei bedeutete die Hohe Minne doch gemäß dem ritterlichen Ehrenkodex lediglich die völlig keusche Anbetung einer Frau durch den Worte über Worte zu Verehrungsgirlanden windenden Sänger. Reinmars Kontrahent sah das allerdings anders. Er ließ den Minnesänger überfallen, gefangennehmen und umbringen. Ja, mehr als das! Seiner Ehefrau setzte der außer Rand und Band eifernde Wüterich sogar noch das gekochte Herz Reinmars vor – die Ahnungslose verspeiste es. Als man ihr nachher die grausige Wahrheit mitteilte, gab sie bekannt, nie mehr einen Bissen essen zu wollen, eine edlere Speise wie das Herz des Minnesängers Reinmar gebe es sowieso nicht. Bald darauf war auch sie tot . . . verhungert!

961	ein Ritter Dietmar von Prennberg wird erwähnt
11. Jh.	Perinhart und Werinher von Primberch als früheste Besitzer von Burg Brennberg belegt; das Geschlecht der Brennberger stirbt 1326 aus
1366	Aufteilung der Burganlage in Ober- und Unterbrennberg
seit 1841	im Besitz der Fürsten von Thurn und Taxis
im 19. Jh.	beginnender Verfall; Schenkung der Burg an die Gemeinde Brennberg
1980	Beginn der Sanierung, in deren Verlauf auch ein Aussichtsturm errichtet wird
1985	Wiederaufleben der Tradition der Brennberger Burgfeste

Brennberg, Aquarell von Andreas Wolf, entstanden 1821. Bei dem Turm links auf dem Burgberg könnte es sich um einen ehemaligen Wohnturm handeln. – Ob er ebenso alt ist, wie die salierzeitlichen Türme von Sulzbach und Ebermannsdorf?

Der Ausblick von diesem auf den Resten des Bergfrieds erbauten Turm, über den die Meinungen sehr auseinandergehen, reicht bis weit in die Donauebene und über die Wald- und Wiesenfleckenlandschaft des Vorwaldes.

Den Ort Brennberg mit seiner auf wuchtige Felsen gesetzten Ruine sollte man genußvoll umwandern, vielleicht auch einen Abstecher zum nahegelegenen Naturschutzgebiet „Hölle" unternehmen. Dort rauscht ein Bach über bemooste Felsbuckel wie es ansonsten in der Oberpfalz nur im „Doost" zwischen Wilchenreuth und Floß zu finden ist.

SCHLOSS WÖRTH

Im Besitz des Hochstifts Regensburg wurde aus der Burg ein Schloß

Es hängt in der Alten Pinakothek in München und ist nicht größer wie ein DIN-A4-Blatt, eher noch kleiner. Das Bild schwelgt ganz in Blau- und Grüntönen, Türkis auch. Ein wenig Rosa sieht man in der Mitte: über den blauen Bergen ein in der Tat rosa, nicht roter Sonnenuntergang. Im Vordergrund links und rechts wie zwei Wächter mächtige Laubbäume. Sie strecken ihre Äste in die Bildkomposition hinein, rahmen die Ansicht gewissermaßen; ein ganz in Natur eingerahmtes Berg-, Hügel- und an einer kleinen Stelle auch Flußbild. Und alles so gemalt, dass man meint, jedes einzelne Blatt, jede einzelne Fichtennadel erkennen zu können. Ein brauner Fahrweg schlängelt sich den Berg hinunter. Und zwar, erst jetzt erkennt man es, auf ein Schloß zu. Tatsächlich, da gibt es noch etwas anderes als nur Natur auf diesem Bild: Burgmauern, Türme, das Rot der Dachziegel allerdings fast ein Erdbraun, die Natursteinmauern farblich kaum zu unterscheiden vom Braun der Baumstämme. Man muß genau hinsehen, damit man es überhaupt sieht: Schloß Wörth. Man darf es ruhig übersehen, auf den ersten Blick. Man soll es vielleicht sogar übersehen. Denn Albrecht Altdorfer, dem Maler der „Donaulandschaft mit Schloß Wörth", ging es bei diesem Bild um etwas Unerhörtes, für die Malerei des frühen 16. Jahrhunderts ganz Unerhörtes: Er machte die Natur selbst zum alleinigen Gegenstand seines kleinen Ölgemäldes. In der ganzen europäischen Malerei hatte es bis dahin kein solches Landschaftsbild gegeben. In religiösen Darstellungen war sie immer nur Staffage im Hintergrund, auch bei Porträts. Aber ein Bild zu malen, um die Natur darzustellen und sonst nichts, auf die Idee war noch keiner gekommen. Erst Albrecht Altdorfer, einer der Meister der sogenannten Donauschule! Im nahen Regensburg war er um das Jahr 1480 herum zur Welt gekommen. Er sollte einer der Honoratioren der Stadt werden, Ratsherr und Stadtbaumeister. Natürlich faszinierte ihn als Maler die großartige Umgebung der Stadt. Das Burgschloß Wörth, eine der frühesten Besitzungen des Hochstifts Regensburg, wird ihm bestens bekannt gewesen sein.

Schloß Wörth, Aquarell von Andreas Wolf aus dem Jahre 1813. Dargestellt von Südosten, zeigt sich die Anlage mit einer Massierung von Türmen. In der Mitte der mächtige Wohnturm aus dem 12. Jahrhundert, die Keimzelle der Burg.

Leider nicht mehr wiederfinden in der heutigen Realität wird man jenes Schloß Wörth, wie es Albrecht Altdorfer noch gesehen hat, denn von der mittelalterlichen Burg ist nur mehr der Bergfried erhalten. Dieser mächtige, ursprünglich als Wohnturm genutzte Bau entstand wohl im 12. oder 13. Jahrhundert und ist auch heute noch für die Öffentlichkeit in der ansonsten als Seniorenstift genutzten Anlage zugänglich. Ebenfalls noch erhalten und zu besichtigen ist die Schloßkapelle St. Martin, deren Fertigstellung man auf das Jahr 1616 datiert. Einflüsse der Spätgotik sind hier ebenso festzustellen wie der Renaissance. Eine Besonderheit ist die Golgatha-Darstellung neben der Kanzel: Auf dem Bild des Gekreuzigten fehlen die Initialen INRI. Laut einer Sage hatte sich der junge Künstler dieses Bildes der Mithilfe des Teufels verschrieben, um es malen zu können. Als er es dann mit der Angst zu tun bekam, riet ihm ein Mönch, das Werk einfach unvollendet zu lassen. Albrecht Altdorfers Donaulandschaft ist gleichfalls teuflisch gut gemalt, dass das Bild unvollendet sein soll, können wir indes nicht entdecken.

787 erste Erwähnung der Ortschaft Wörth, der genaue Baubeginn der Burg liegt im dunkeln
1279 Beginn einer Bauperiode, die zum schloßähnlichen Ausbau der zum Hochstift Regensburg gehörenden Burg führt
nach 1500 die übrigen Teile der Burg entstehen
1616 Fertigstellung der Schloßkapelle; das Schloß geht über in den Besitz der Familie von Thurn und Taxis
1968 Verkauf der Anlage, umfassender Umbau zum Seniorenstift

Wie ein Perlenkranz umgeben die Häuser des Ortes Wörth den Burgberg. Vom Herrnberg mit der Pestkapelle hat man diesen Blick, der an klaren Tagen weit in die Donauebene hinausreicht bis zu den Türmen der Stadt Straubing.

BURG DONAUSTAUF

Eine Burgkapelle ohne Vergleich

Die Burg Donaustauf liegt heute, regelrecht versteckt inmitten hohen Baumbestands, auf einem Bergrücken über der Donauebene. Diese kontrollierende Lage hoch über dem Fluß, seit jeher Hauptschlagader für Verkehr und Handel, erklärt, warum die Anlage schon immer große Begehrlichkeiten weckte und ein ständiger Zankapfel war, vor allem zwischen den bayerischen Herzögen und den Regensburger Bischöfen. Letztere tauchen ab 1132 als Besitzer des „castrum episcopi Tounustouphon" auf, mußten sich aber regelmäßig der Angriffe auf dieses Juwel unter den Burgen des oberen Donauraumes erwehren. Zu Anfang des 12. Jahrhunderts wird Donaustauf innerhalb von nur 30 Jahren dreimal vom bayerischen Herzog eingenommen, muß aber immer wieder zurückgegeben werden. Dieser ständige Streit und Kampf um die Burg erklärt auch, warum die Anlage immer noch weiter ausgebaut und schließlich zu einer typischen „Abschnittsfestung" gemacht wurde: Die Verteidiger konnten sich von Tor zu Tor und von Vorhof zu Vorhof immer weiter zurückziehen. Im Bereich der mit einem Halsgraben abgetrennten Kernburg waren es sechs verschiedene Toranlagen, vier davon kann man noch heute erkennen.

Die älteste ist diejenige Toranlage, die den Zugang zum inneren Burghof ermöglicht. Sie stammt noch aus der Salierzeit und ist unten aus grob behauenen Quadern, oben aus Bruchsteinen mit Eckquadern gemauert. Von einzigartiger Bedeutung ist sie wegen der Burgkapelle, die man direkt über die Torpassage gelegt hat. Dieselbe Anordnung findet man übrigens auch auf dem Breitenstein. Der Sakralraum sollte Angreifer davon abhalten, die Toranlage zu bestürmen und einzureißen.

Inwieweit dieser „apotropäische Charakter" den zerstörerischen Furor potentieller Angreifer tatsächlich zügelte, wissen wir nicht. Die mauerbrechende Macht der vergehenden Zeit bremste er jedenfalls nicht. Wenn man sich heute der Toranlage nähert, hat man gleich einen Blick in den Innenraum der Kapelle: zwei der Außenmauern sind nämlich völlig weggebrochen. Was sich da dem Auge, wenn auch nur mehr in Bruchstücken, darbietet, ist ein kunstgeschichtliches Juwel und „ohne Parallele im salischen Burgenbau Bayerns" – schreibt Joachim Zeune. Der Bau hatte einmal neun quadratische Gewölbefelder. An den stehengebliebenen beiden Außenmauern sieht man noch die tragenden Wandsäulen mit ihren Würfelkapitellen. Solche Details, wie auch die architektonische Gesamtkonzeption, verweisen auf die Wolfgangskrypta und die Magdalenenkapelle im Kloster St. Emmeram in Regensburg. Von daher scheint eine Datierung der Entstehungszeit um 1050 wahrscheinlich.

Das war noch die Zeit unbegrenzter Machtfülle der Regensburger Bischöfe. Später, im 14. Jahrhundert, mußten sie die Burg aus Geldmangel verpfänden. Die Wittelsbacher als neue Herren sorgten für den bereits beschriebenen festungsmäßigen Ausbau. Doch auch der konnte 1634 den Ansturm der Schweden nicht aufhalten, die die Burg sturmreif schossen. Danach wurde sie nie mehr instand gesetzt und blieb Ruine.

um 900	erste urkundliche Erwähnung der Burg als „castrum quod dicitur stufo"
um 1050	Errichtung des Torbaus mit Oberkapelle
1132	von diesem Datum an urkundlich gesichert als Besitz der Regensburger Bischöfe, die die Burg als Residenz nutzten, zeitweise von Ministerialen verwalten ließen
ab 1488	nach ständigen Streitereien mit den Regensburger Bischöfen endgültig in Wittelsbacher Besitz
1634	Zerstörung durch die Schweden
1812	geht die Burg als Ruine in den Besitz der Familie Thurn und Taxis über
heute	im Besitz der Gemeinde Donaustauf, die umfangreiche Sicherungsmaßnahmen durchführte

Die um 1050 entstandene Toranlage in Donaustauf mit ihrer Oberkapelle ist nicht nur eine der ältesten in der Burgenlandschaft Deutschlands. Die Kapelle, einstmals eine dreischiffige Halle zu drei Jochen mit seitlich vorgestellten Stützen, ist auch von kunstgeschichtlicher Bedeutung.

Der Burgberg von Donaustauf ist ein markanter Härtling am steilen Übergang vom Tiefland der Donau zum Falkensteiner Vorwald. Gekrönt wird er von der eindrucksvollen Burgruine.

LOCH

Die einzige Höhlenburg der Oberpfalz

Am fast senkrecht abfallenden Steilufer der Schwarzen Laber gegenüber der Ortschaft Eichhofen gibt es eine Burg, die ist für die gesamte Oberpfalz einmalig – und im Hinblick auf ganz Bayern gewissermaßen zweimalig. Denn eine Höhlenburg wie die von Loch gibt es ein zweites Mal nur noch in der kleinen Ortschaft Stein an der oberbayerischen Traun. Die Anlage hatte einmal zwei Teile: den nach außen sichtbaren, bestehend aus (mittlerweile völlig abgetragenen) Wohngebäuden, einer Ringmauer mit vorgelagertem Zwinger sowie einem bergfriedartigen Turm. Nicht sichtbar indes – beispielsweise für feindliche Angreifer – ist das System von in die senkrechte Felswand hineinführenden Höhlen. Dass sie teilweise auch als Wohnräume genutzt wurden, legen Spuren von Ausmauerungen nahe.

Weil eben gerade von Angreifern die Rede war: Besonders trutzig und abweisend war die Burg Loch allerdings durch ihre Lage nie. Die oberhalb der steil abfallenden Felswand gelegene Hochfläche machte es Angreifern vielmehr recht einfach, sich der Burg zu nähern, und dies eben von oben her. Zwischen einem dieser Höhlenräume und der Hochfläche soll es eine Verbindung geben, eventuell eine Felsspalte, die schon von jeher existierte. Auch sie natürlich ein „Schwachpunkt", durch den man in die Burg eindringen konnte. Faßt man all diese Punkte zusammen, fragt man sich, warum dann ausgerechnet dieser Standort für die Burg gewählt wurde.

Man weiß es so wenig wie das genauere Entstehungsdatum der Anlage. Dass sie schon im 12. Jahrhundert entstanden sein soll, ist wohl eine etwas zu kühne, allerdings gelegentlich aufgestellte Behauptung. Dagegen spricht jedoch das Bruchsteinmauerwerk des Bergfrieds, das auf ein jüngeres Erbauungsdatum hinweist. Ein Detail sieht man übrigens sehr schön an diesem Turm, nämlich wie es um die Hygiene in einer mittelalterlichen Burg bestellt war. Die Entsorgung der Fäkalien erledigte man über sogenannte Aborterker, die man an Türmen anbrachte wie hier in Loch oder an der Außenseite des Palas, wie man es in Wolfsegg sehen kann. Die Fäkalien fielen also je nachdem in den Burggraben oder auf den Burgfelsen. Hier in Loch soll man vor nicht allzu langer Zeit sogar noch das Sitzbrett mit dem runden Loch gesehen haben.

Doch zurück zu den Erbauern der Burg. Man nimmt an, dass es die Herren von Rammelstein waren. Jedenfalls betrieben sie ein unten an der Schwarzen Laber gelegenes Eisenhammerwerk. Das dürfte allerdings erst zu Anfang des 14. Jahrhunderts gewesen sein. Burg Loch wäre demnach ein repräsentativer Sitz für die Herren über das Hammerwerk gewesen. Allzu große Bedeutung scheint dieser Herrensitz aber nie gehabt zu haben. Bereits zu Ende des 16. Jahrhunderts gilt die Anlage als baufällig. So wie sie auf einem Plan aus dem Jahre 1718 dargestellt ist, findet man sie längst nicht mehr vor. Der Bergfried ist noch erhalten, alles andere ist weitgehend von der Bevölkerung des Umkreises als Steinbruch betrachtet worden.

um 1300	Baubeginn der Höhlenburg Loch, die sich im Besitz der Rammelsteiner befindet; zugehörig ist ein Eisenhammerwerk, das von den Wassern der Schwarzen Laber angetrieben wurde
um 1500	die Rammelsteiner gelangen in den Besitz der Hofmark Eichhofen und führen sie mit Loch zusammen
1556	Trennung von Loch und Eichhofen, später unter der Familie Sauerzapf wieder zusammengeführt
1715	die Karthause Prüll erwirbt Loch
19. Jh.	die seit dem 17. Jahrhundert als baufällig geltende Burg dient der Bevölkerung als Steinbruch; ein Plan von 1718 zeigt jedoch noch Ringmauer, Wohngebäude und Wehrturm mit Bedachung, die dann nach und nach abgetragen werden
heute	als Ruine im Besitz der Gemeinde

Waren die Höhlen von Loch in den Jurafelswänden für die Bevölkerung Zufluchtsstätte in unruhigen Zeiten oder normale Wohnräume?

Der steilen Felswand war der Bergfried vorgelagert. Er sollte die im Berg gelegenen Wohnräume der Höhlenburg schützen. Befestigungstechnisch war das sicher problematisch.

LAABER

Ein bekannter Minnesänger: Hadamar von Laaber

Als dem gerade erst gegründeten Kloster Reichenbach am Regen im Jahre 1135 seine Güter bestätigt wurden, findet man unter denjenigen, die diese Urkunde bezeugen, auch einen „Wernherus de Labere" aus dem Geschlecht derer von Laaber. Verständlicherweise ist man geneigt, ihren Stammsitz in der stolz auf einem Felsen direkt über dem Ortskern thronenden Burg zu suchen. Doch die eindrucksvolle Ruine inmitten des Ortes ist wohl der Nachfolgebau einer älteren Anlage auf dem direkt benachbarten Martinsberg, von der heute nur mehr ein Burgstall übrig ist.
Wenn man sich der Ruine nähert, sollte man seine Aufmerksamkeit vor allem auf die Toranlage richten. Hier sind einige Details zu sehen, deren Studium auch das Lesen von Mauerwerk andernorts erleichtern kann. Exemplarisch ist an der Ruine Laaber zu erkennen, wie eine Burg nach und nach gewachsen ist. Drei Tore gibt es hier zum Beispiel, wobei das äußere das am spätesten hinzugekommene ist. Nachdem man über einen tiefen Halsgraben gegangen ist – über ihn führte im Mittelalter eine Zugbrücke, wie man an der rechteckigen Mauerblende sieht –, betritt man durch dieses äußere, spitzbogige Tor den Zwinger. Dahinter dann die beiden älteren Tore aus der Stauferzeit, gut zu erkennen an dem

für diese Epoche typischen Quadermauerwerk (Glattquader und Buckelquader mit Randschlag). Interessant auch in der Laibung des jüngsten Tores die Prellsteine, die wie in der Luft zu hängen scheinen und darauf hindeuten, dass das Bodenniveau an dieser Stelle einmal höher gewesen sein muß.
Hier also residierten die Herren von Laaber. Unter ihnen finden wir auch den vielleicht bekanntesten Minnesänger der Oberpfalz, Hadamar III.

Von ihm ist ein Werk überliefert in einer für diese Zeit ziemlich ungewöhnlichen Vollständigkeit. Es umfaßt 500 Verse und beschreibt eines der Haupt-Pläsiers ritterlicher Hofgesellschaften: die Jagd. Doch schon an den ungewöhnlichen Namen der Jagdhunde – „Treue", „Beständigkeit", „Ausharren" – merkt man schnell, dass man es hier mit einer Allegorie zu tun hat . . . und zwar, wie könnte es anders sein bei einem Minnedichter, ist in Wahrheit mit der Jagd jene nach einer „frouwe", einer Frau, gemeint!
Die Ruine ist heute noch teilweise bewohnt, der Anbau der Wohnteile wurde allerdings schon 1841 als wenig förderlich für den Gesamteindruck des Ensembles kritisiert. Abgesehen davon aber ist die Burg Laaber sicher eine der eindrucksvollsten Burgruinen in diesem Raum.

vor 1200	ein Burgstall auf dem heute am Ortseingang von Laaber gelegenen Martinsberg entsteht als Vorläuferbau zur späteren Burg Laaber im Ortszentrum
1475	das Geschlecht der Herren von Laaber, das auch den Minnesänger Hadamar III. hervorgebracht hat, stirbt aus; die Burg wird Besitz der Wittelsbacher
1598	schloßartiger Ausbau der Burg
19. Jh.	nach und nach Abtragung der Burg, zurück bleibt eine Ruine, in der die älteren Bauteile, teilweise aus romanischer Zeit, übrigbleiben

Die Burg Laaber bietet ein anschauliches Beispiel für eine gestaffelte Verteidigung. Nach dem tiefen Halsgraben hatte ein Angreifer drei Tore zu überwinden, wenn er in die Burg eindringen wollte.

Die Ruine Laaber auf einem Aquarell von Josef Altheimer, entstanden gegen Ende des 19. Jahrhunderts.

EHRENFELS

Berater des Regensburger Bischofs: „Chunradus von Ernvels"

Verläßt man Beratzhausen auf der Straße Richtung Parsberg, so wird man gleich hinter dem Ortsende neben einer Eisenbahnunterführung einen Parkplatz finden. Von ihm aus steigt ein Feldweg an, hinauf zum Waldrand des Schloßberges. Dort, wo sich der Weg dann gabelt, folgt man dem Pfad halbrechts, der auf das Plateau des Hügels führt. Rund 550 Meter über Meereshöhe findet man die von hohen Bäumen umwachsene Ruine Ehrenfels. Hier lebten einmal die Ehrenfelser, zu deren Besitz selbstverständlich auch der Ort zu Füßen des Schloßbergs, Beratzhausen, gehörte, wiewohl der viel älter ist. Bereits 886 taucht er in einer Tauschurkunde auf, in der von einem „nobilis fidelis regis" Adalpertus und dem Bischof von Regensburg die Rede ist.

Allerdings ist auch die Geschichte der Burg eng mit Regensburg verbunden. Erstmals lesen wir den Namen der Burg in einer Quelle aus dem Jahre 1256, und zwar als Namensbeifügung zu einem Konrad, „Chunradus von Ernvels" heißt es dort. Er fungiert als Berater des Bischofs von Regensburg und wird auch als Schiedsmann berufen, als es darum geht, einen Streit mit dem bayerischen Herzog zu schlichten. Doch die Ehrenfelser allein als Gefolgsleute des Bischofs zu deuten, wäre voreilig. Sie tauchen nämlich in der zweiten Hälfte des 13. Jahrhunderts genauso als Vasallen des Herzogs auf. Der Fachmann spricht von einer „Doppelvasallität" der Ehrenfelser.

Doch treten wir näher heran an den Burgsitz eines zweifellos herausgestellten Burgherrengeschlechts. Über eine aufgeschüttete Rampe überquert man heute den auffällig tiefen Burggraben und tritt in das Innere eines Berings, von dem zumindest noch die unteren Mauerlagen zu erkennen sind sowie die erst vor wenigen Jahren sanierten Reste zweier Rundtürme und eines Schalenturms. Stehen wir erst einmal auf dem ovalen Burgareal, fällt sofort der Graben auf, der sich quer über den Burghof zieht. Eigenartig und ungewöhnlich! Und auch nicht restlos zu erklären. Dass dieser Graben der Abschluß des älteren Teils der Burg gewesen sein soll und der westlich gelegene Hof hinzukam, scheint wenig plausibel. Denn schnurgerade zieht sich dieser Graben durch das ovale Burgareal, so als ob er später eingefügt worden wäre. Das würde bedeuten, die Anlage ist zu einem bestimmten Zeitpunkt zweigeteilt worden.

Sicher dagegen ist, dass im östlichen, älteren Teil ein massiver Gebäudetrakt gestanden haben muß, Grundmauerreste weisen darauf hin. Man nimmt hier den Palas an. Im westlich des Grabens gelegenen Teil findet man – wie das für eine Vorburg üblich gewesen ist – keine Spuren größerer Gebäudeteile. Ob sich diese Situation allerdings schon immer so darstellte, ist unklar. Wo zum Beispiel der für eine stauferzeitliche Burganlage typische Bergfried gestanden hat, läßt sich nicht mehr sagen. Er ist dem Umbau und der Zweiteilung mit dem Graben anscheinend zum Opfer gefallen.

886	erste Erwähnung des Ortes Beratzhausen in einer Tauschurkunde
1256	„Chunradus von Ernvels" taucht in einer Quelle auf; er fungiert als Ratgeber des Regensburger Bischofs; die Gründung der Burg kann nicht recht viel früher als 1200 angenommen werden
1296	ein jüngerer Konrad von Ehrenfels wird in einer Bischofsurkunde als „Adeliger" bezeichnet
1335	wegen Verschuldung ist Heinrich von Ehrenfels gezwungen, die Burg an König Ludwig den Bayern zu verkaufen, der sie seinerseits an Dietrich von Stauff abgibt; fortan nennen sie sich Stauffer von Ehrenfels
1416	nach dreitägiger Belagerung nehmen die Regensburger die Burg ein, reparieren die verursachten Schäden und setzen sie wieder instand
1564	eine Kommission berichtet, Ehrenfels sei bereits dermaßen baufällig, dass in ihr keine Herrschaft mehr wohnen könne

Auf dem 555 Meter hohen Schloßberg träumt die Ruine Ehrenfels inmitten mächtiger Buchen vor sich hin. Nur wenige Wanderer verirren sich hierher.

BURG WOLFSEGG

Oberpfalzweit einmalig: die Dauerausstellung „Burgenleben“

Um noch einmal auf Wassily Kandinsky zurückzukommen: In seinem Skizzenbuch finden wir auch die Ansicht von Burg Wolfsegg, die inmitten des gleichnamigen Dorfes unübersehbar auf einem Felskegel thront. Mit wenigen Hieben seiner Zeichenkohle hielt Kandinsky das Charakteristische fest: nämlich den – wie es uns scheinen mag – unproportioniert großen Palas, der sogar den kleinen, runden Nordturm überragt. Der Burgenfachmann spricht deshalb davon, dass Wolfsegg das Paradebeispiel einer übrigens fast vollständig erhaltenen spätmittelalterlichen Höhenburg sei, die meist durch großräumige Wohnbauten auffallen.

Gott sei Dank hat man im Palas von Wolfsegg soviel Platz. So nämlich konnte hier eine vorbildliche Dauerausstellung ihren Platz finden, die die Öffentlichkeit auf unterhaltsame und lehrreiche Art mit dem Burgenleben in der Oberpfalz vertraut macht. Da gibt es nicht nur die obligatorische Waffensammlung und einen Raum, in dem detailliert erklärt wird, wie eigentlich die Rüstungen früher geschmiedet wurden. Auch das ganz alltägliche Leben wird veranschaulicht, zum Beispiel wie es in der Küche zuging und was dort auf dem Speisezettel stand.

Durch einen hölzernen gotischen Türstock, wie man ihn auch nicht alle Tage sieht, tritt man in das Reich der Burgköche ein, in diesem Raum ist sogar noch der Original-Ziegelboden erhalten. In einem Rauchfang steht ein „automatischer“ Bratspieß aus dem 16. Jahrhundert, der mittels einer Schwungscheibe und einer Art Unruh' dafür sorgte, dass sich der Braten selbsttätig über dem Feuer drehte.

Zu den opulenten Mahlzeiten des Spätmittelalters gehörte auch der Vortrag eines Minnesängers. Sein musikalisches Anschmachten der Burgdamen war selbstverständlich rein platonisch-poetisch, die Hohe Minne halt, nicht zu verwechseln mit der Niederen Minne. Die soll mit im Spiel gewesen sein bei einem Fehltritt der Gattin des Burgherrn Ulrich von Laaber, so um die Mitte des 15. Jahrhunderts. Den mußte sie, wie meist in solchen Geschichten, mit dem Leben bezahlen. Seitdem geistert eine Weiße Frau durch die Gemäuer der Burg. Jedenfalls erzählte dies das Hausmeister-Ehepaar Pielmaier 1966 einem Regensburger Journalisten. Der brachte die Story groß heraus, sie wurde nachgedruckt, und bald erfuhr man sogar in Amerika davon. Der berühmte New Yorker Parapsychologe Hans Holzer reiste an, mit einem weiblichen Medium, der Frau Edith Riedl aus Wien. Die versenkte sich in die Vorgeschichte dieser Mauern und sprach: „Hier ist ein Mord geschehen“. Ob es tatsächlich so war oder nicht, wir wollen es ja gar nicht so genau wissen, sondern uns eher in jenen romantischen Schauergeschichten wohlfühlen, die einfach zu solchen Orten dazugehören. Georg Rauchenberger jedenfalls, der spätere Bezirksheimatpfleger, der 1932 die Burg als halbe Ruine erwarb und in unendlich mühsamer Arbeit wieder herrichtete, dichtete augenzwinkernd: „Hinter den sieben Bergen, verborgen im Waldesschoß, / Wo Sagen und Eulen noch horsten, liegt ein verwunschenes Schloß.“

Ende 13. Jh.	Baubeginn durch Wolf von Schönleiten
1358	erste quellenmäßige Erwähnung in einer Lehensurkunde Herzog Ludwigs von Bayern
1367	Verkauf an die Herren von Laaber, die Burg bleibt in deren Besitz, bis sie 1475 aussterben; später im Besitz der Linie Pfalz-Neuburg
1575	die Burg kommt an eine Regensburger Patrizierfamilie, danach häufiger Besitzerwechsel und allmählicher Verfall
1932	die Burg wird durch Georg Rauchenberger vor dem völligen Verfall bewahrt
1989	Eröffnung der oberpfalzweit einmaligen Ausstellung „Burgenleben“

Wer wissen will, wie es auf einer mittelalterlichen Burg zugegangen ist, besuche Wolfsegg und die Ausstellung „Burgenleben“! Hans Hummel weiß viel zu erzählen über das Leben der Ritter.

Der Rittersaal im zweiten Stock des Palas wird im Inventar des Jahres 1595 „altes Zimmer“ genannt, in dem nur ein „altes Lehntrühelein“ stand. Die spätgotische Rankenmalerei, die in Resten freigelegt werden konnte, deutet aber auf einen Repräsentationssaal hin, wie ihn viele mittelalterliche Burgen kannten.

HAIMBURG

Hoffnungslos verloren: die Überreste einer zum Jagdschlößchen umgebauten Burg

Um die Haimburg steht es nicht gut. Im Herbst 2003 titelten die „Neumarkter Nachrichten“: „Es besteht kaum noch Hoffnung und Willen, die Überreste der Haimburg zu retten.“ Die Gemeinde Berg, auf deren Gebiet die Ruine steht, sieht sich außerstande, die zum großen Teil eh schon eingestürzten Gemäuer vor einem weiteren, schließlich endgültigen Verfall zu retten. Bürgermeister Helmut Himmler aus Berg sagt: „Wir haben viel Geld in die Klostermühle gesteckt, das hat sich sicher rentiert. Aber in eine Ruine zu investieren, die abgelegen im Wald steht und kaum jemand interessiert. Ich weiß nicht.“ So bitter es für Burgenfreunde sein mag: In Zeiten komplett überlasteter Kommunalhaushalte stellt sich in der Tat die Frage, wie die Prioritäten zu setzen sind. Das gilt wahrscheinlich für so manches Objekt, das in diesem Buch beschrieben ist. Für die Haimburg gilt es im ganz besonderen Maße.

In der Tat liegt sie ziemlich versteckt in dichtem Buchenbestand auf einer Erhebung zwischen Neumarkt und Altdorf, in direkter Nähe zur Autobahn A 3. Wer aber von den Vorbeirauschenden nimmt sich schon Zeit, die Ausfahrt Sindlbach zu nehmen, um dann von der Ortschaft Haimbuch aus zu Fuß einen Waldweg hinaufzugehen auf jenen Jurafelssporn, auf dem einmal die recht ausgedehnte Anlage gestanden hat.

Die gewaltigen Gräben im Burgareal fallen noch auf, von der Burg selbst stehen nur mehr magere Mauerreste. Und aus denen wachsen schon recht ansehnliche Hölzer heraus, die Bäumchen zu nennen untertrieben wäre. Fest haben sie sich ins Gemäuer hinein verkrallt, drohen es zu sprengen. Was kann man mit geringem Aufwand und vor allem ohne große Kosten dagegen tun? Kaum etwas. „Sie abzusägen, würde es eher noch schlimmer machen“, sagt zumindest Forstamtsdirektor Krinner. „Dann fault das Wurzelwerk heraus und die Ruine bröselt erst recht.“

Was bleibt also anderes, als dem Verfall weiter zuzusehen? Das mag vor allem demjenigen im Herzen wehtun, der so etwas hat wie eine historische Perspektive. Der erkennt, was da für immer verschwinden würde. Ein Kulturort mit doch immerhin 500 Jahren Geschichte, ja mehr sogar. Die Mauerreste, die man jetzt noch sieht, die stammen vom Umbau, den Pfalzgraf Johann aus dem nahen Neumarkt im 15. Jahrhundert vorgenommen hat. Er baute sich hier ein Jagdschlößchen. Und zwar auf die noch erhaltenen Mauern des romanischen Vorgängerbaus hinauf, den man als den Sitz des Reichsministerialen-Geschlechts der Heimberger ansieht. Die sind schon Mitte des 13. Jahrhunderts ausgestorben. Kulturort hieß es eben. Ein kleines Detail, das die Berechtigung einer solchen Bezeichnung unterstreicht, findet man bei einem gewissen Leodius, Biograph des Pfalzgrafen Friedrich, der unter anderem in Neumarkt das Renaissanceschloß bauen ließ. Nach den Zerstörungen im Landshuter Erbfolgekrieg ließ er das Jagdschlößchen Haimburg wieder herrichten. So dass Leodius schreiben konnte: „Die eine Meile von Neumarkt auf dem höchsten Gipfel eines Berges gelegene Haimburg stattete er mit neuen Mauern und einem neuen Dach aus, nachdem er sie 1522 von den Nürnbergern durch einen Vertrag zurückerhalten hatte. Nahe der Haimburg ließ er, die Natur zum Wettstreit herausfordernd, einen Weinberg anlegen.“ Doch diese Versuche, in der Oberpfalz ein weinlaubumranktes Arkadien zu errichten, zerstörten spätestens die Schweden, die während des Dreißigjährigen Krieges die Burg verwüsteten.

12. Jh.	als Gründer der Haimburg gelten die Heimberger, ein Geschlecht von Reichsministerialen
1262	die Heimberger sterben aus, zwischenzeitlich kommt die Burg an die Linie der Stein von Hilpoltstein
im 15. Jh.	Pfalzgraf Johann von Neumarkt baut Haimburg zu seinem Jagdschlößchen um
1504	im Landshuter Erbfolgekrieg beträchtliche Zerstörungen
17. Jh.	während des Dreißigjährigen Krieges zerstören die Schweden die Haimburg, die seither Ruine ist

Die Mauern einer Burg wurden in der Regel zweischalig aufgeführt, bestehend aus einer äußeren und einer inneren Schale aus mehr oder weniger sorgfältig zugerichteten Werksteinen. Dazwischen befand sich das Füllwerk aus Steinbrocken in Mörtelbettung. Aufgelassene Burgen wurden oft von der Bevölkerung als Steinbruch benutzt, da hier kostenlos hochwertiges Baumaterial zu holen war. Auf dem Bild kann man gut erkennen, dass die Quader bis in Reichhöhe herausgebrochen wurden.

WOLFSTEIN

Mit dem Landshuter Erbfolgekrieg „im Grunde eingegangen“

Unübersehbar, auf die Nordwestspitze des Wolfsteinbergs hingebaut, erhebt sich über Neumarkt die gleichnamige Burgruine. Am besten nähert man sich ihr über den Wanderweg, der am Krähentisch vorbeiführt, einer bizarren Felsformation. Dann wird man verstehen, warum dieser Platz ein bevorzugtes Ausflugsziel ist, hat man doch auf dem Weg zur Burg hinauf – und vor allem oben dann – einen großartigen Ausblick auf die Stadt, aber auch auf die sogenannten Zeugenberge, wie sie so vereinzelt vor dem Albtrauf stehen.

Seit Ende der neunziger Jahre ist die Ruine Wolfstein aber auch deshalb ein Magnet für Wanderer, weil sich ein Verein „Wolfsteinfreunde Neumarkt e.V.“ um eine intensive „Grabungskampagne“ kümmerte, bei deren Beginn im April 1997 sogar Angehörige der Bundeswehr eingesetzt wurden. Das, was man dabei an Grundmauern und regelrecht im Boden versunkenen Gebäudeteilen freilegte – auch im Innenraum der romanischen Burgkapelle –, war so unerwartet, dass es auf der sehr detaillierten, für sämtliche Oberpfälzer Burgen als erste „Auskunftsstelle“ unerläßlichen Internetseite www.burgenseite.de über die Burg Wolfstein nach diesen Ausgrabungen heißt: „Sie scheint insgesamt größer und bedeutender gewesen zu sein, als ursprünglich angenommen, der gezeigte Grundriß ist nicht mehr ganz aktuell.“

Was nach wie vor Gültigkeit hat, ist die Beschreibung des Grundaufbaus von Burg Wolfstein. Da gibt es einmal die außergewöhnlich geräumige Vorburg, in der sich heute ein landwirtschaftliches Anwesen befindet, welches auf die einstige Schloßökonomie zurückgeht. Von der Vorburg führt eine Holzbrücke über einen tiefen Graben in die Hauptburg – sie liegt noch immer auf den originalen Mauerpfeilern auf. Von der Toranlage, die am Ende der Brücke stand, fällt vor allem der noch erhaltene halbrunde Schalenturm auf. Steht man erst einmal in der Hauptburg, ist man beeindruckt von dem mächtigen romanischen Bergfried, dessen Mauern eine Stärke von unglaublichen 3,40 Metern haben. Der andere noch relativ gut erhaltene Gebäudeteil ist der spätgotische Palas mit seinen drei übereinanderliegenden Fensterreihen (eigentlich Fensternischen, denn die Haustein-Einfassungen der bedeutend kleineren Fenster sind längst anderweitig verbaut). Im Erdgeschoß entdeckt man Reste einer Gewölbedecke aus Kreuzgraten, darüber, im ersten Stock, scheint ein großer Saal gelegen zu haben, man sieht noch, wo die mächtigen Tragbalken der Zwischendecke aufgelegen haben. Wenn man sich vorstellt, was für eine repräsentative Anlage das einmal gewesen sein muß, nimmt es wunder, dass sie schon 1564 als „schier am Einfallen“ bezeichnet wird. Vor allem der Landshuter Erbfolgekrieg hatte ihr schwer zugesetzt. Obwohl anschließend noch etliche Instandhaltungsarbeiten durchgeführt wurden, heißt es 1607 im Gutachten des Hofbaumeisters Johann Schoch, Burg Wolfstein sei „im Grunde eingegangen“.

Das ist eine kurze Zeitspanne für eine mittelalterliche Burg, diese etwas über 300 Jahre, in denen die Historie von Wolfstein dokumentiert ist. Dass das Geschlecht der Wolfsteiner ein altes gewesen sein muß, zeigt der Umstand, dass ein Empertus von Wolfstein schon bei einem Augsburger Ritterturnier 1080 als Teilnehmer genannt wird. Wann die Wolfsteiner ihre Burg gegründet haben, weiß man nicht, dass sie Ende des 13. Jahrhunderts ausgestorben sind, allerdings schon. Denn ab 1286 nennt sich Gottfried von Sulzbürg, der neue Besitzer, nach der Burg Wolfstein. Es folgen noch etliche Besitzerwechsel, zeitweise ist Wolfstein böhmisches Lehen, und dann eben kommt, wie erwähnt, mit dem Landshuter Erbfolgekrieg das langsame schleichende Aus.

1286	Gottfried II. von Sulzbürg nennt sich nach Wolfstein
1347	erste urkundliche Erwähnung der Burg: Rudiger Rinthul, Richter auf Wolfstein
1460	Wolfstein wird böhmisches Lehen
1504	Beschießung während des Landshuter Erbfolgekriegs, beginnender Verfall
1607	die Burg wird als „im Grunde eingegangen“ bezeichnet
ab 1997	umfangreiche Ausgrabungs- und Sanierungsarbeiten durch die „Wolfsteinfreunde Neumarkt e.V.“

Die Burgruine Wolfstein liegt auf der Nordwestspitze des Wolfsteinberges, der nach drei Seiten steil abfällt. Seitdem der Baumbestand gelichtet worden ist, hat man wieder diesen herrlichen Blick auf die mächtige Ruine, dem Wahrzeichen über der Stadt Neumarkt.

Ruine Wolfstein, nach der Natur gezeichnet und radiert, Kupferstich von Georg Adam, mit der Datierung um 1830.

Burg Wolfstein, durch einen breiten Halsgraben vom Hinterland getrennt, einem Bergfried in frontaler Stellung und den Wohngebäuden an der Steilseite, ist ein klassisches Beispiel für eine Spornanlage.

Imposant ragt der Bergfried von Wolfstein in den nachtblauen Himmel. 3,40 Meter dick sind seine Mauern. Links überspannt eine neuere Holzbrücke den Graben zwischen Vor- und Hauptburg.

HELFENBERG

Auf den Resten der Burg erbaute Giovanni Antonio Viscardi ein Barockschloß

Bereits in der zweiten Hälfte des 12. Jahrhunderts soll auf dem Helfenberg eine Wehranlage entstanden sein, als Werk der Grafen von Velburg. 1230 taucht als Besitzer ein „Graf Ulrich von Velburch" urkundlich auf, der die Burg verkauft. Anfang des 17. Jahrhunderts kam sie in den Besitz des bayerischen Herzogs Maximilian, und der schenkte sie dem Grafen von Tilly. Dessen Nachkomme Ferdinand Lorenz Franz Xaver von Tilly gab 1696 den Auftrag, anstelle der mittelalterlichen Burg ein Barockschloß zu erbauen. Ausgeführt wurde das Werk von dem berühmten kurfürstlichen Hofbaumeister Giovanni Antonio Viscardi, der u. a. in München für Kurfürst Max Emanuel einen Teil von Schloß Nymphenburg geplant hatte.
Und dieser Stararchitekt kam also, um in der Oberpfalz ein Schloß zu bauen! Als Freskenmaler brachte er Hans Georg Asam mit, den Vater der später so berühmten Brüder Cosmas Damian und Egid Quirin. Ein streng symmetrisch konstruierter Palast in italienischer Bauweise entstand. 1707 war er fertig. Es muß ein großartiger Bau gewesen sein. Ein einziges Dokument haben wir davon: eine Darstellung für den Altar der Schloßkapelle, gemalt vom Asam-Vater. Heute hängt sie in der Lengenfelder St.-Martins-Kirche.
Nur gut 100 Jahre existierte diese Pracht. Dann wurde das Schloß 1807 in einer öffentlichen Versteigerung für 2200 Gulden verscherbelt, und zwar, wie es hieß, auf Abriß. Den einen Abend feierte man noch eine rauschende Ballnacht, am anderen Morgen kamen schon die neuen Besitzer, aber nicht um ihr neues Eigentum eben in Besitz zu nehmen, sondern um es hemmungslos zu plündern. Erst das Mobiliar, dann die Steine der Mauern. Schon nach wenigen Wochen war das Schloß so weit abgetragen, dass es nur mehr einer Ruine glich. In diesem Zustand verharrte es viele Jahrzehnte, die Reste verfielen immer mehr. Und dennoch: selbst vor wenigen Jahren noch konnte man aufgrund von Bodenvertiefungen und Geländespuren sagen, wo einst der Goldfischteich war, wo der Schloßgarten, wo der Ziehbrunnen, wo das Gärtnerhaus. Die Kellergewölbe waren fast noch vollständig erhalten, verschüttet unter einer dünnen Erdschicht. Doch niemand kümmert sich darum.

12. Jh.	die Grafen von Velburg erbauen Burg Helfenberg
1230	„Graf Ulrich von Velburch" verkauft die Helfenburg an das Hochstift Regensburg
1632	Helfenburg kommt in den Besitz des Bayernherzogs Maximilian, der die Burg dem Grafen von Tilly schenkt
1696	ein Nachkomme des Grafen gibt den Auftrag zum Bau eines Barockschlosses
1807	das Schloß wird „auf Abriß" versteigert

Auf dem Altarbild in der Lengenfelder Pfarrkirche St. Martin ist das Helfenberger Schloß zu sehen. Gemalt hat es Georg Asam, der Vater der berühmten Asambrüder, im Jahre 1703.

Helfenberg gehört auch zu jenen Ruinen, wo dringend der weitere Verfall gestoppt werden müßte. Sonst ist ein weiteres Zeugnis unserer Geschichte in wenigen Jahrzehnten unwiederbringlich verloren.

VELBURG

Velburger Bürger mauern ihre Ruine wieder auf

Wie bei den meisten Burgen des Landkreises Neumarkt sind auch von der gleichnamigen Veste über dem Ort Velburg, die auf einem Bergkegel des Oberpfälzer Juras steht, nur mehr Ruinenreste übrig. In der zweiten Hälfte des 13. Jahrhunderts entstand der Markt zu Füßen der Burg, das heutige Velburg, nur einen Kilometer weiter südlich findet man die Vorgängersiedlung Altenveldorf. Dort, in Altenveldorf, überwinterte im Jahre 1189 der österreichische Herzog Otto von Velburg, der am dritten Kreuzzug unter der Führung des schon 67jährigen Kaisers Friedrich Barbarossa teilnahm – ein Alter übrigens, mit dem man zur damaligen Zeit schon ein Greis war. Barbarossa sollte von diesem Kreuzzug auch nicht mehr zurückkehren – wie die allermeisten seiner Mitstreiter, der dritte Kreuzzug war nämlich ein einziges Desaster.
1188 hatte das österreichische Grafengeschlecht derer von Clamm die Velburg geerbt und nannte sich nach diesem Sitz. Davor saßen Gerhard und Hermann von Velburg auf der Burg, die bereits 1156 archivalisch faßbar sind. Dieses Geschlecht scheint mit den Grafen von Sulzbach und von Hohenburg verwandt gewesen zu sein. Nach dem Aussterben der Clamm-Linie fällt der Besitz an die Wittelsbacher und wird wechselweise von oberbayerischen und pfälzischen Pflegern verwaltet. Ähnlich wie Wolfstein und Haimburg wird die Velburg im Landshuter Erbfolgekrieg beträchtlich in Mitleidenschaft gezogen, allerdings auch wieder aufgebaut – wie das auch schon 1450 der Fall war, nachdem ein Großfeuer die Burg fast völlig zerstört hatte.
1507 lesen wir von einem Ritter Jörg Wiesbeck, der vom Herzog die Burg zum Geschenk bekommt. Seine Grabplatte findet man in der Stadtkirche von Velburg. Die Wiesbecken waren eine Oberpfälzer Adelsfamilie, die mit den Nothafts von Wernberg verwandt waren. Unter ihrer Herrschaft scheint die Burgkapelle von Velburg eine ganz besondere künstlerische Ausgestaltung erfahren zu haben. Ein einziges Stück davon hat die Zeitläufte überdauert, nämlich die Figur des heiligen Eustachius, die man heute in der Velburger Friedhofskapelle St. Anna findet. Als Patron der Jäger ist Eustachius ein typischer Heiliger der Ritter. Man sollte ihn sich anschauen, eine interessante Figur ist das, mit Ritterrüstung und Schwert, in der rechten Hand einen Hirschkopf.
Um das Thema Rüstung noch etwas zu vertiefen, sollte man dann auch gleich noch in die Stadtpfarrkirche gehen und die bereits angesprochene Grabplatte des Jörg Wiesbeck von 1518 betrachten. Solche Grabplatten – sehr eindrucksvoll übrigens auch die von Pfalzgraf Otto II. in der Hofkirche in Neumarkt, die von Martin von Wildenstein in der Kirchenruine Gnadenberg oder die von Christoph von Parsberg in der Pfarrkirche Lupburg – sind ein recht authentisches Quellenzeugnis, wie mittelalterliche Ritterrüstungen ausgesehen haben. Was Jörg Wiesbeck trägt, ist ein Turnierharnisch. 200 bis 300 Jahre früher waren Ritter lediglich mit einem knielangen, in der Mitte gegürteten Waffenrock bekleidet, unter dem sie aus kleinen Eisenringen zusammengefügte Kettenhemden trugen. Der Waffenrock trug das Wappen des Ritters. Die später aufkommenden Harnische hatten eindeutig auch Imponierfunktion: Man wollte damit Aufsehen erregen. Sie bestanden aus einem Helm, Kragenschutz (fehlt bei dem Ritter Wiesbeck), aus einem Brustpanzer, Armschienen und Beinröhren (samt „Kniekacheln“). Besondere Kunstwerke der Schmiedekunst waren die Handschuhe, manchmal gar mit einzeln beweglichen Fingern. All dieser Prunk täuscht darüber hinweg, dass solche Rüstungen eigentlich recht unpraktisch waren. Einmal vom Pferd gestoßen oder gerissen (deshalb hatten die Hellebarden der einfachen Kriegsknechte oft einen Reißhaken), war es nicht ganz einfach für den Ritter alleine wieder aufzustehen. Das war dann oft auch sein Todesurteil!

1188	das österreichische Grafengeschlecht von Clamm erbt die Velburg
1450	die Burg brennt vollständig ab; Wiederaufbau
1507	Ritter Jörg Wiesbeck erhält Velburg als Geschenk vom Herzog; Grabplatte in der Stadtpfarrkirche Velburg
17. Jh.	im Dreißigjährigen Krieg zerstören die Schweden die Velburg, seitdem Ruine

Auf steiler Jurakuppe über dem Markt Velburg und seiner Pfarrkirche St. Johannes stehen die Reste der Burg. Zur Zeit wird der Bering saniert, der Burgturm wurde schon in früheren Jahren von Velburger Bürgern instand gesetzt und aufgemauert. Von ihm hat man einen schönen Ausblick zum Hohlloch bei St. Wolfgang.

HOHENFELS

Zwei Bergfriede schützten die Burg

Karlheinz Deschner wird seine Gründe gehabt haben, warum er seine mehrbändige Historie der katholischen Kirche provokativ „Kriminalgeschichte des Christentums" nennt. Manchmal liest man aber auch Dinge, die lassen einen direkt zu der Ansicht kommen, so ganz falsch könne Deschner nicht liegen. Denn ist das eine christliche Art, was der Regensburger Bischof Albert 1250 versuchte, nämlich den ihm politisch lästigen König Konrad IV. einfach per Mord aus dem Wege räumen zu lassen, noch dazu in einem Kloster, St. Emmeram in Regensburg? Natürlich hat man für so eine Schandtat seine Mordgesellen. In diesem Fall war es Konrad von Hohenfels. Der stammte aus einem alten Adelsgeschlecht des Nordgaus, ein früher Vorfahre von ihm, auch er mit Namen Conrad, war sogar selbst einmal Regensburger Bischof gewesen. Die Hohenfelser erwarben dadurch genügend Reichtum, um zu Beginn des 12. Jahrhunderts im stillen Tal des Forellenbaches die Burg Hohenfels zu gründen. Sie war es, die 1250 zur Plünderung freigegeben wurde, denn der Mordanschlag mißlang, Konrad von Hohenfels konnte fliehen, Markt und Burg aber hatten es auszubaden.
Ob diese Strafaktion mit ein Grund dafür war, dass es mit dem Geschlecht der Hohenfelser immer mehr bergab ging? In der Folgezeit lesen wir, sie seien zu Wegelagerern und Raubrittern geworden. 1383 jedenfalls verkaufen die Hohenfelser ihre Burg an den Pfalzgrafen Rupprecht.
Das nächste einschneidende Ereignis für Burg Hohenfels wurde – wie für so viele Burgen dieser Region – der Dreißigjährige Krieg, vor allem das Jahr 1632, als die Schweden einfielen, Ort und Burg plünderten und niederbrannten. Aus dieser Zeit stammt die Volksüberlieferung von jener Jungfrau, die sich beim Ansturm der Schweden von einer der Zinnen der Burg gestürzt haben soll – „um der Schande der Entehrung zu entgehen". Sie stürzte in den unter dem Schloßberg vorbeifließenden Forellenbach und blieb dort tot liegen. Noch heute heißt jener Ortsteil von Hohenfels „Sterzenbach".
Zwar war die Burg noch einige Zeit Sitz eines Pflegamtes, aber so richtig überwunden hat sie die Zerstörungen des Dreißigjährigen Krieges nie mehr. 1803, als Bayern Königreich und damit eine Neuordnung der Verwaltungsstrukturen fällig wurde, löste man das Pflegamt auf und die Burg stand von da an leer. Ein gewisser Georg Bronold, Schneider in Hohenfels, hat sie gekauft und dann die 800 Jahre alten Mauern gewissermaßen als Steinbruch abtragen lassen. Was als kläglicher Rest übrigblieb, kann man heute noch sehen, unter anderem, dass die Burg einmal zwei Bergfriede hatte, einen runden im Osten und einen quadratischen im Westen (nur noch ein Stumpf).
Nicht nur die Burg und ihr Machtanspruch verschwanden, auch der Markt Hohenfels geriet immer mehr ins Abseits. Man lag in einer Gegend mit dünner Besiedelung und kargen Böden – bedingt durch die Wasserarmut des Juras – und beim Bau der Eisenbahnstrecke Regensburg–Nürnberg wurde man auch links liegengelassen und erhielt keinen Anschluß. Diese randständige Lage war es, die 1938 die braunen Machthaber auf die Idee kommen ließ, ausgerechnet hier einen Truppenübungsplatz zu errichten. Der Markt Hohenfels verlor einen Gutteil seines Gemeindegebiets, die Burg lag nun direkt an der Grenze zum Sperrgebiet und hatte lediglich die zweifelhafte Ehre, ihm den Namen zu geben: Truppenübungsplatz Hohenfels. Nach dem Krieg diente er kurze Zeit als Auffanglager für von den Nazis verschleppte Zwangsarbeiter, vor allem Polen. Von hier aus organisierte man ihren Heimtransport. In dem leer werdenden Gebiet versuchte man dann von 1948 an, Heimatvertriebene anzusiedeln. Doch 1951 kamen die Amerikaner auf die Idee, den Truppenübungsplatz für ihre Zwecke zu reaktivieren. Seitdem dürfte der Name Hohenfels selbst in Amerika bei manchem ein Begriff sein.

12. Jh.	die Hohenfelser gründen die Burg
1250	als Strafaktion König Konrads IV. Plünderung von Burg und Markt
1383	Verkauf an Pfalzgraf Rupprecht
1632	Einfall der Schweden
1938	Gründung des Truppenübungsplatzes Hohenfels

Ursprünglich waren es zwei Bergfriede gewesen. Nur noch einer davon und geringe Mauerreste sind übriggeblieben vom ehemaligen Stammsitz der Herren von Hohenfels.

PARSBERG

Alte Burg und neues Schloß

Bereits 933 werden Burg und Herrschaft Parsberg das erste Mal genannt. Doch der Platz, den sich die Erbauer aussuchten – genau auf dem erhöhten, felsigen Scheitelpunkt eines sich über dem Ort erhebenden Bergrückens – dürfte schon früher besiedelt gewesen sein, einzelne Keramikfunde weisen auf vorchristliche, keltische Zeit hin. Die Adelsfamilie der Parsberger, die 1205 mit ihrem „Castrum Bartesperch" zum ersten Mal in einer Urkunde auftaucht, blieb ununterbrochen bis 1730 Besitzer der Burg – da gibt es nicht viele vergleichbare Fälle einer solchen Kontinuität in der Oberpfalz! Das Geschlecht der Parsberger, Ministerialen der Wittelsbacher, war eines der mächtigsten und einflußreichsten im damaligen Nordgau. Mitte des 13. Jahrhunderts stellte man den Bischof von Eichstätt, Mitte des 15. Jahrhunderts den von Regensburg. Werner und Christoph von Parsberg folgten dem Ruf des dänischen Königs und gründeten nach ihrer Auswanderung eine dänische Linie der Familie. Nachkommen dieses Zweiges leben heute noch in Belgien und Frankreich.

Was einem heute als erstes ins Auge springt, wenn man sich dem Burgberg nähert, ist die Giebelfront mit den beiden schlanken Rundtürmen, die Zwiebelhauben tragen. Es handelt sich dabei um den weitaus jüngeren Teil der gesamten aus alter Burg und neuem Schloß bestehenden Anlage. Nach Zerstörungen während des Dreißigjährigen Krieges bekam Schloß Parsberg sein heutiges Aussehen. Die langgezogenen Gebäudetrakte des Schlosses umschließen dabei einen Innenhof, der sich als ideale Kulisse für Theateraufführungen herausgestellt hat. Die Tradition des „Comedi"-Spielens reicht in Parsberg weit zurück. Wiederbegründet wurde sie im Jahre 1983 mit einem von Heinz Schauwecker verfaßten Stück über – wie könnte es anders sein – einen der Parsberger Adelsherren, „Haug von Parsberg". In der Zwischenzeit sind die unterschiedlichsten Stücke alljährlich zur Aufführung gekommen; Johann Nestroy ist besonders beliebt, aber auch Ludwig Thoma, Goldoni, Anzengruber. Darsteller sind jedesmal Laien, allerdings sehr professionell auftretende Laien, was auch für die musikalische Umrahmung mancher Stücke gilt.

Mit Eleganz und Grandezza wird im lauschigen Schloßhof von Parsberg aufgespielt. Alle Stücke werden von einem Salonorchester begleitet.

Dass sich der historische Innenhof auch ideal für Musikdarbietungen eignet, hat sich Ende der achtziger Jahre die Kleinkunstbühne Parsberg gedacht. Seitdem veranstaltet sie alljährlich den Parsberger Burgrock. Vier Bands treten dabei auf, zwei aus der lokalen Musikszene, zwei werden ausgewählt unter den Bewerbungen, die mittlerweile aus ganz Deutschland eingehen. Der Burgrock ist gewissermaßen der Abschluß der Sommerfestspielzeit und findet am ersten und zweiten August-Wochenende statt. Als Auftakt zu den Theater-Burgspielen hat sich an einem Juni-Wochenende das historische Burgfest etabliert, das von Parsberger Vereinen gestaltet wird. Hier findet man dann auch garantiert Gäste aus der französischen Partnerstadt Vic-le-Comte. Die Franzosen sind ja sowieso besondere Freunde der Parsberger. Denn schließlich zog es ja schon Mitte des 15. Jahrhunderts Konrad von Parsberg als Hofmeister in den Dienst der Herzogin von Lothringen.
Er war es auch, der die französische Linie der Comte de Pars begründete.

1205	erste urkundliche Erwähnung von „Castrum Bartesperch", dem Stammsitz der weitverzweigten Adelsfamilie der Parsberger
1314	die Parsberger liegen im Streit mit Herzog Ludwig dem Bayern; die Burg wird erstürmt und niedergerissen
1459	Ritter Hans von Parsberg erbaut die Pfarrkirche des Ortes
1650	die während des Dreißigjährigen Krieges zerstörte Burg wird mit einer Doppelturmfassade wieder aufgebaut
1730	mit dem Tod von Johann Wolfgang von Parsberg erlischt die Parsberger Linie
1983	Beginn der seitdem alljährlich abgehaltenen „Parsberger Burgspiele"

Eine architektonische Besonderheit ist das Parsberger Schloß mit seinen beiden die Giebelseite flankierenden Rundtürmen, die von Zwiebelhauben gekrönt werden. Rechts sind noch die Mauerreste der alten Burg zu sehen.

LUPBURG

Graf Konrad von Lupburg war Bischof von Regensburg

Lupburg, nur wenige Kilometer von Parsberg entfernt, stand von jeher in enger Beziehung zum Regensburger Klerus. 1080 taucht eine Mechthild von Lupburg als Äbtissin des Regensburger Frauenstifts Niedermünster auf. Ursprünglich waren Angehörige des Adelsgeschlechts von den Regensburger Bischöfen als Ministerialen eingesetzt. Im 12. Jahrhundert hatten sie die Vogtei des berühmten Klosters St. Emmeram inne. Und 1296 wurde gar Konrad von Lupburg zum Regensburger Bischof gewählt – noch heute findet man eine Epitaph-Steinplatte im nördlichen Seitenschiff des Domes. Dort ist eingemeißelt vermerkt, von welcher Großzügigkeit der 17 Jahre amtierende Bischof war: „H. Conrad IV. Graf von Lupurg, der diese seine ererbte Herrschaft dieser Kirche in wahrhaft frommer und lobwürdiger Freigebigkeit geschenkt und einverleibt hat".
Bis 1387 blieb die Lupburg in bischöflichem Besitz, dann gelangte sie an die Wittelsbacher. Herzog Johann von Bayern-München setzte die Herren von Parsberg als Verwalter ein, ihre Stammburg liegt ja nur zwei Kilometer entfernt. Diese Tatsache erklärt, warum sich lange und hartnäckig die Volksüberlieferung halten konnte, es gebe einen unterirdischen Gang, der die Lupburg mit der Parsberger Burg verbinde. Einen archäologischen Beleg gibt es dafür natürlich nicht.
Im Dreißigjährigen Krieg brandschatzten die Schweden die Lupburg. Die sogenannte „obere Burg" wurde komplett zerstört. Besondere Bausteine wurden allerdings gerettet und an ganz anderer Stelle wieder verbaut. So kam im Rahmen der Sanierungsmaßnahmen der 1980er Jahre an der Südfassade des östlich ans Burgtor anschließenden „Haupthauses" eine eingemauerte Steinsäule zutage, die von einigem Interesse war. Untersuchungen von Fachleuten zeigten nämlich, dass diese romanische Säule mit einem sehr schönen Kapitell wie auch Teile des Osttraktes von der Ur-Lupburg stammen könnten, nämlich aus der Zeit um 1150. Besagtes Haupthaus und das Burgtor gehören zur „unteren Burg", die nach den Verwüstungen des Dreißigjährigen Krieges neu errichtet wurde.

Über die Ruine geht der Blick zum Turm der Pfarrkirche St. Barbara und den Ort.

Mit dem 19. Jahrhundert beginnt die Zeit der häufigen Besitzerwechsel. 1802, mit der Neuordnung der Landgerichte, verlor die Burg ihre Funktion als Verwaltungssitz und wurde deshalb Privatpersonen zum Verkauf angeboten. So mancher versuchte sein Glück mit den alten Gemäuern, die Archive indes sind voll von Eingaben, Berichten, Zuschußforderungen der wechselnden Besitzer, die alle mit dem zunehmenden Verfall der Burg zu kämpfen hatten. Besonders setzte dann noch die chaotische Zeit der Kriegswirren um die Mitte des 20. Jahrhunderts den Gemäuern zu. Zum Ende des Zweiten Weltkriegs wurde die Burg als Unterkunft für polnische Gefangene und Zwangsarbeiter, die zur Feldarbeit herangezogen wurden, genutzt. In ihrer Not verfeuerten diese in den kalten Wintern unter anderem Teile des Dachstuhls. Nach dem Krieg diente die Burg auch noch als Flüchtlingsquartier. All dies sind Geschichten, die sich für manche Burg in der Oberpfalz erzählen ließen – also durchaus exemplarische Geschichten.

11. Jh. mutmaßliche Entstehung der Ur-Lupburg, die nicht zwingend auf dem Platz des heutigen „oberen Schlosses“ gestanden haben muß

1296 Konrad Graf von Lupburg wird Bischof von Regensburg; mit ihm stirbt 1313 das Geschlecht der Lupburger aus, zuvor vermacht er seinen Besitz der Regensburger Kirche

1387 die Lupburg fällt an die Pfälzer Linie der Wittelsbacher

1806 nach der Mediatisierung wird Lupburg Privatbesitz

1969 der Landkreis Parsberg startet ein umfangreiches, bis heute fortgeführtes Sanierungsprogramm

Johann Georg Hämmerl hat um 1800 eine ganze Reihe von Ortsansichten in der Oberpfalz gezeichnet. So auch den „Prospekt von dem Markt Lupburg“. Aquarellierte Federzeichnung.

BURG DAGESTEIN

Bamberger Steinmetzen bauten außergewöhnliche Toranlage

Zwanzig Kilometer nördlich von Amberg liegt die Stadt Vilseck. An ihrem nordöstlichen Rand findet man Burg Dagestein. Ihr markantester Teil ist der quadratische Bergfried. Ursprünglich war er um ein Geschoß höher. Anfang des 19. Jahrhunderts trug man es ab, aus Angst vor einem Einsturz des Turms. Doch selbst diese Maßnahme reichte nicht aus, die Statik zu verbessern. So entschloß man sich 1999 zu einer umfangreichen Renovierung dieses Gebäudeteils von Burg Dagestein und machte bei den Arbeiten nahezu sensationelle Entdeckungen. Es stellte sich heraus, dass der Bergfried ursprünglich eine Toranlage gewesen war, bestehend aus zwei Räumen, der eigentlichen Torhalle und einer darüberliegenden Kapelle. Beide zusammen gehören „zum Großartigsten, was in Ostbayern an profaner Baukunst der Romanik" heute noch zu erleben ist, schreibt Mathias Conrad in der Zeitschrift „Der Eisengau".

Das Sensationelle am Mauerwerk der Torhalle – die Wände aus Glattquadern, darüber ein Kreuzrippengewölbe mit einer Scheitelhöhe von fünf Metern – ist, dass man hier acht verschiedene Steinmetzzeichen erkennen kann. Fünf davon tauchen auch in der Ostkrypta des Bamberger Doms auf. Kurz nach der ersten Jahrtausendwende war Vilseck von Kaiser Heinrich II. dem Bamberger Bischof geschenkt worden, der hier einen Pfleger einsetzte. Es ist also durchaus möglich, dass Steinmetzen von der Bauhütte des Bamberger Doms in der Zeit um 1200 herum auch zum Bau dieser überaus repräsentativen Toranlage eingesetzt wurden.

Über der Torhalle dann die Burgkapelle „Zu Unserer Lieben Frauen". Der rechteckige Raum ist quer zum unter ihm verlaufenden Tordurchgang angelegt. Auf seiner Ostseite ist im Rahmen der Renovierungsarbeiten der Bogen einer Apsis freigelegt worden, die heute abgebrochen ist. An seiner Laibung wurden dabei Fresken sichtbar, die aus der Mitte des 14. Jahrhunderts stammen dürften. Sie stellen St. Georg und St. Michael dar, Soldaten Christi, die im Mittelalter in kaum einem sakralen Bildprogramm fehlen durften. Ihr ewiger Kampf gegen das Böse ist versinnbildlicht in der Niederringung des Drachens, so auch hier bei St. Georg, den der anonyme Künstler natürlich in der damals üblichen Rittergewandung malte: mit Kettenhemd, darüber der Lentner, Arm- und Kniekacheln sowie Schnabelschuhe mit eisernen Schnallen. Ihm gegenüber steht der Erzengel Michael mit einer Waage in der Hand, mit der er die Sünden verstorbener Seelen wiegt. An die Waagschale der Missetaten hängt sich eine Luziferfigur, nachdem sie zuvor einen Mühlstein hineingeworfen hat, doch all das hilft nicht, die guten Taten der armen Seelen wiegen schwerer. Alles miteinander ein ungemein eindrucksvolles Bild, das die Burgkapelle Dagestein da abgibt. Vor allem wenn man noch das reich gestaltete Stufenportal der Kapelle dazunimmt, mit eingestellten Säulen, reich gegliedertem Bogen und einem lilientragenden Tympanon. Mathias Conrad jedenfalls kommt zu dem Schluß, dass es sich hier um eine Qualität der Ausstattung handelt, wie man sie höchstens auf Dynastenburgen, also Sitzen des Hochadels, vermuten würde. Und dabei war Dagestein zur Zeit der Entstehung dieses Torbaus doch „nur" Pflegschloß eines vom Bamberger Bischof eingesetzten Verwalters!

1185	erstmalige urkundliche Erwähnung von Vilseck, das zu dieser Zeit unter der Schutzherrschaft des Bamberger Hochstifts stand
1205	ein Megelaus von Dagestein wird in einer Urkunde genannt; nach dem Aussterben seines Geschlechts nennen sich die Burgherren nach der aufstrebenden Stadt Vilseck
1512	während der Fehde des Götz von Berlichingen mit dem Bamberger Bischof Zerstörung der Burg und anschließender Wiederaufbau
1802	nach der Säkularisation Verkauf von Teilen der Burg an Vilsecker Bürger
1999–2001	umfangreiche Renovierung des Bergfrieds

Der Bergfried der Burg Dagestein ist im 14. Jahrhundert auf einen romanischen Torbau mit Oberkapelle gesetzt worden. Dies hatte zu großen Bauschäden geführt, die erst vor wenigen Jahren durch eine kostspielige Sanierung behoben werden konnten. Moderne Einbauten hat man dabei bewußt in Kontrast zur historischen Bausubstanz gesetzt.

Steinmetzen der Bamberger Dombauhütte haben das Portal der Torkapelle im unteren Teil des Bergfrieds geschaffen. Die um 1350/60 entstandenen Seccomalereien am Chorbogen stehen dem in der Qualität nicht nach.

BURG EBERMANNSDORF

Einzigartig in Bayern: ein achteckiger Wohnturm aus der Salierzeit

In Ebermannsdorf findet man leicht erhöht über dem Ort und einem später hinzugekommenen barocken Landsassenschloß etwas versteckt inmitten von Bäumen die „Ebernburg". Sie ist in ihrem jetzigen Zustand einzigartig. Nachdem man in den letzten Jahren einen Mauerausbruch auf der Westseite wieder geschlossen hat, steht der oktogonale Bau in einer Geschlossenheit da, wie man ihn in Bayern kein zweites Mal mehr findet. Zwar wurden bei den Renovierungsarbeiten im Sulzbacher Schloß ebenfalls Grundmauern eines Turms dieser Zeit mit achteckigem Grundriß gefunden (man nimmt an, dass der Sulzbacher Turm Vorbild für den Ebermannsdorfer war), dort sind es aber eben nur Grundmauerreste. Der Wohnturm in Ebermannsdorf hingegen steht mit seiner stolzen Höhe von 16 Metern da, anhand von Balkenlöchern im Inneren, in die früher einmal die Tragbalken für die Zwischendecken eingeschoben waren, kann man sogar die Geschoßzahl rekonstruieren: es waren fünf.
Besonders eindrucksvoll – und lehrreich – ist es natürlich, einen Bau in solch trutziger Geschlossenheit noch heute vor sich zu haben. So manches läßt sich ableiten über das Leben in einem solchen Wohnturm. Einen einzigen schmalen Lichtschlitz weist er auf, man kann sich vorstellen, was da für eine Düsternis im Inneren herrschte, aber auch was für eine Luft (einen offenen Kamin jedenfalls hatte man). Den Erbauern kam es aber ganz offensichtlich auf etwas anderes an als auf ein angenehmes „Raumklima": nämlich ein Symbol von Herrschaft zu setzen und potentiellen Angreifern eine schier unbezwingbare Mauerfront entgegenzustellen. Fast zweieinhalb Meter dick sind die Mauern, die äußere Schale besteht aus kleinformatigen Kalksteinquadern mit lagenweise unterschiedlichen Querschnitten, wie es ganz typisch ist für die Salierzeit. Das Füllmaterial zwischen der äußeren und der inneren, in derselben Weise gemauerten Schale, sind Bruchsteine in Mörtelbettung, angeordnet im Fischgrätverband (also eine Lage immer schräg zur anderen).
Der Einstieg in den Turm befindet sich vier Meter über Bodenniveau im zweiten Obergeschoß. Bei einem Angriff konnte die hölzerne Treppe leicht abgeworfen oder eingezogen werden. Wie sollte ein Angreifer dann noch in den Bau eindringen können? Bewurf und Beschuß der Mauern dürften kaum Wirkung gezeigt haben, bei, wie gesagt, zweieinhalb Metern Dicke. Übrigens ist auch der achteckige Grundriß so zu erklären: er steift nicht nur das ganze Bauwerk aus, er bietet auch weniger Angriffsfläche durch die verkürzten Seiten.
Eigentlich kaum mehr notwendig, würde man meinen, war da ein zusätzlicher Schutz durch Graben, Wall und Ringmauer. Von letzterer sind noch Reste feststellbar, vor allem an den Ecken des ehedem quadratischen Burgareals. Doch wahrscheinlich kam es dabei auf zusätzliche „Außenwirkung" an. Alles sollte für die Unantastbarkeit der Burgbewohner sprechen: die Lage „über" dem Ort, die Ringmauer, die Trutzigkeit des Wohnturmes, der Wohn- und Wehrfunktion in einem vereinigte. Die Erbauer der Burg waren ein Geschlecht von Edelfreien, die von der Rangordnung her zwischen den Ministerialen, die einem Lehensherrn verpflichtet waren, und den Dynasten standen. Der erste urkundlich faßbare Ebermannsdorfer ist „Eppo von Ebermundesdorf", die Archivalie stammt aus dem Jahre 1081. Ein Hinweis mehr auf das hohe Alter der Burg!

1081	erste urkundliche Erwähnung eines „Eppo von Ebermundesdorf"
12. Jh.	in der ersten Hälfte des Jahrhunderts entsteht der noch heute existierende achteckige Wohnturm; eine Burgkapelle wird 1123 urkundlich genannt
14. Jh.	zu Beginn des 14. Jahrhunderts sterben die Ebermannsdorfer aus, der letzte dieses Geschlechts ist Albert von Ebermannsdorf
2000	Renovierungsarbeiten, bei denen ein großflächiger Mauerausbruch wieder zugesetzt wird

Der achteckige, nahezu fensterlose Wohnturm vom Ebermannsdorf aus der ersten Hälfte des 12. Jahrhunderts (Salierzeit) ist nicht nur eine der ältesten Burgen Bayerns. Er revidiert auch gründlich unsere Vorstellungen von der Größe der frühen Burgen und dem Wohnkomfort, den diese boten.

HEIMHOF

Paradebeispiel für ein „Festes Haus“

Heimhof ist ein Paradebeispiel für den Burgentyp „Festes Haus“, der sich aus dem frühmittelalterlichen Wohnturm weiterentwickelt hat. Ein einzigartiges Beispiel für letzteren kann man in Ebermannsdorf besichtigen (siehe Seite 117). Dort ist es noch ein gänzlich fensterloser, achteckiger Turm, der uns ungemein archaisch vorkommt. Heimhof dagegen mit seinem rechteckigen, viergeschoßigen Baukörper und dem Walmdach ist schon fast schloßartig. Wir sprechen jetzt wohlgemerkt vom Hauptbau, der im rechten Winkel anschließende Seitentrakt stammt aus der Renaissancezeit und ist somit deutlich jünger als die eigentliche Burg, die in ihrer heutigen Gestalt wohl aus der ersten Hälfte des 14. Jahrhunderts stammt.

Ein Festes Haus erfüllt sowohl die Funktionen eines Wohn- als auch Wehrbaues, ist also im Grunde Palas und Bergfried in einem. Dass auch Heimhof mit Rücksicht auf besondere Wehrhaftigkeit erbaut wurde, läßt sich an manchem Detail ablesen. Das beginnt schon mit der ungewöhnlichen Mauerdicke von sage und schreibe zwei Metern! Im Untergeschoß finden wir lediglich Schlitzfenster, die potentiellen Angreifern das Eindringen erschweren sollten. Genauso ist es mit dem obersten Stockwerk, das einmal Wehrgeschoß war. Hinter den schmalen Schlitzfenstern dort haben wir Schießkammern, von wo aus Angreifer mit Hakenbüchsen beschossen werden konnten. Zwar kommen bereits im ersten Drittel des 14. Jahrhunderts erste Vorderlader-Gewehre auf, sogenannte Handbüchsen, die aber noch einen solchen Rückstoß hatten, dass sie auf Prellhölzern aufgelegt werden mußten. Man kann nicht unbedingt davon ausgehen, dass diese Schießschlitze schon von Anfang an so gedacht waren.

Was stellten also die Schießkammern ursprünglich dar? Des Rätsels Lösung birgt eine Bilddarstellung wohl aus dem 15. Jahrhundert, die man als Ritzzeichnung in einer der Fensterlaibungen des Festen Hauses gefunden hat. Darauf wird deutlich, dass es im obersten Geschoß einmal hölzerne Wehrerker gab, und diese wiederum ersetzten einen komplett umlaufenden Wehrgang. Man kann noch heute seine abgesägten Tragbalken im Mauerwerk erkennen. Die sogenannten Schießkammern sind die später zugemauerten Zugänge zu diesem Wehrgang gewesen!

All das bis jetzt Aufgeführte betrifft die Wehrfunktion des Festen Hauses. So ein Burgbau sollte aber auch eine gewisse Wohnlichkeit bieten, und zwar mit mehr „Komfort“ als eine Turmburg à la Ebermannsdorf. Auch das hat Heimhof zu bieten. Wir finden einen Felsenkeller unter dem Haus und Räume für Vorratshaltung im Untergeschoß. In den darüberliegenden Geschossen haben wir eine Küche, Wohnräume und einen Rittersaal mit Balkendecke, einem Kamin, Erker und Sitzbänken in den Fensternischen. Alles in allem also ein durchaus repräsentativer Wohnsitz für einen ritterlichen Burgbesitzer. Und ein solcher wird Ritter Heinrich Ettenstätter durchaus gewesen sein. Ihn nimmt man als Erbauer von Heimhof an. Nach dem Aussterben seiner Familie kommen die Staufer zu Ehrenfels in den Besitz von Heimhof, die ihren Stammsitz in der Nähe von Beratzhausen hatten (siehe Seite 94). Nach mehrmaligem weiteren Besitzerwechsel finden wir einen kurfürstlichen Geheimrat Dr. Michael von Löfen in den Annalen, der Heimhof stark umbaute und erweiterte, etwa um den heute noch bestehenden Renaissancetrakt. Als allerdings Prof. Bodo Ebhardt 1922 die Burg kaufte, war sie schon stark heruntergekommen. Ohne den Hofarchitekten des deutschen Kaisers und begeisterten Burgenrestaurator stünde Heimhof kaum mehr in der heutigen Gestalt da.

14. Jh.	Ritter Heinrich Ettenstätter wird als Erbauer des Festen Hauses Heimhof angenommen
1427	die mittlerweile Besitzer gewordenen Staufer von Ehrenfels tauschen Heimhof gegen die Veste Köfering von den Nothafts
1599	Heimhof geht als Lehen an den kurfürstlichen Geheimrat Dr. Michael von Löfen; er baut die Burg um und erweitert sie um den Renaissancetrakt
heute	Burg Heimhof ist in Privatbesitz

Stolz und wehrhaft zugleich thront Burg Heimhof über dem Tal des Hausener Baches, überragt wird sie vom mächtigen Hauptbau mit seinen Eckerkern, einem in seltener Vollständigkeit erhaltenen Festen Haus.

HOHENBURG

Eine der ältesten Burgengründungen des Nordgaus

Man nimmt an, dass die Hohenburg vor dem Jahre 1000 entstanden ist, als Gründer kommen eigentlich nur die Markgrafen von Hohenburg in Frage, die 1050 zum ersten Mal urkundlich erwähnt werden. Eines der Familienmitglieder taucht in der berühmten Manessischen Liederhandschrift aus der ersten Hälfte des 14. Jahrhunderts auf. Man sieht dort einen sitzenden Ritter, der buchstäblich seine Waffe an einen Nagel an der Wand gehängt hat, um sich einer weitaus friedlicheren Tätigkeit als dem Schwingen eines Schwertes zu widmen: Er liest in einer lang ausgerollten Pergamentrolle. Man ist sich nicht ganz sicher, wer der Dargestellte ist, ob Markgraf Diepold V. von Vohburg, der durch Heirat auch den Titel „Markgraf von Hohenburg" führte, oder dessen Sohn Berthold. Letzterer ist uns nicht nur als Minnelied-Leser, wie hier dargestellt, bekannt, sondern auch als Minnelied-Texter und Minnesänger.
Peter Rühmkorf, einer der renommiertesten zeitgenössischen Lyriker, hat in einem blitzgescheiten Essay über Walther von der Vogelweide auf einen frappanten Zusammenhang hingewiesen, was das Aufkommen des „Unterhaltungsgenres" Minnesang betrifft: „Nicht von ungefähr datiert die Minnekultur fast auf den Tag genau zwischen Beginn und Ausklang der Kreuzzüge." Die Herren Ritter hätten schlicht und ergreifend anderes zu tun gehabt, zum Beispiel mit Kriegsgeschrei ins Heilige Land zu stürmen, da seien regelrechte Weiberkolonien verwaist zurückgeblieben und die brauchten eben Unterhaltung. Da traten die Minnesänger auf den Plan.
Unser Berthold von Hohenburg, der übrigens die schönen Beititel „Kapitän von Como" und Generalvikar „von Pavia aufwärts" trug, mag ja frauen-unterhaltender Minnesänger gewesen sein, seinem Kaiser Friedrich II. mußte er dennoch folgen, und so wurde er Führer deutscher Soldritter im Königreich Sizilien. Dort kam es nach 1250, dem Todesjahr Friedrichs, zu einigen Nachfolge-Auseinandersetzungen. Berthold wurde schließlich gefangengenommen und zum Tode verurteilt, dann allerdings zu Kerkerhaft begnadigt. Statt in sein heimatliches Hohenburg zurückzukehren, starb er eingesperrt in Sizilien. Hohenburg geriet indes in der Folgezeit in den Besitz des Regensburger Bischofs, der die Burg mit Pflegern besetzte, die sich allerdings bald ein bequemeres Pflegschloß unten im Ort bauten.

Das „maggrave vo Hohenburg", wahrscheinlich der Minnesänger Berthold von Hohenburg, in der Manessischen Liederhandschrift, der bekanntesten deutschen Prachthandschrift des Mittelalters. Entstanden ist sie um die Wende zum 14. Jahrhundert.

1050	erste urkundliche Erwähnung des Markgrafengeschlechts der Hohenburger, die – wahrscheinlich vor 1000 – Burg Hohenburg erbaut haben
um 1215	Geburt des Minnesängers Berthold von Hohenburg, der in Kriegsdiensten für seinen Kaiser Friedrich II. in Kerkerhaft in Sizilien stirbt
16. Jh.	Pfleger des Regensburger Bischofs, zu dessen Besitz Hohenburg mittlerweile gehört, bauen die Anlage festungsmäßig aus
1812	Verkauf der Burg auf Abbruch
2003	Beginn von Sanierungsmaßnahmen

Eine Aussichtsloge ersten Ranges im Lauterachtal ist die Ruine in Hohenburg. Nach jahrzehntelangem Zuwarten ist man jetzt dabei, die wenigen Reste der „Ruinenfinger" zu sichern. Im Hintergrund die Ortschaft Allersburg mit sehenswerter romanischer Pfarrkirche St. Michael.

KASTL

Eine wuchtige Klosterburg über der Lauterach

Die im Volksmund „Sturmara" (Stürmerin) genannte Kaiserglocke der Klosterkirche Kastl wenn läutet, die hört man hinein bis ins Böhmische, heißt es. Vielleicht liegt's ja an der exponierten Lage von Kastl, dass der „e"-Ton dieser knapp 70 Zentner schweren Glocke so frei dahinwehen kann. Die Klosterburg liegt nämlich auf einem steil abfallenden Felsrücken direkt über dem Lauterachtal. Von welcher Himmelsrichtung man sich auch nähert, sofort sticht einem der aus gleichförmigen Dolomitquadern gemauerte Kirchturm ins Auge.
Gestiftet wurde die Kaiserglocke anläßlich des Sieges von Herzog Ludwig dem Bayern über seinen Habsburger Vetter, Friedrich den Schönen, 1322 bei Mühldorf (siehe Burg Trausnitz).
Ludwig hatte eine besondere Beziehung zum Kloster und seinem damaligen Abt Hermann.
Er war es auch, der dem Ort anläßlich des Freudenfestes 1323 das Marktrecht verlieh. Ob seine Verbundenheit mit Kastl auch damit zusammenhing, dass seine jüngste Tochter Anna hier bestattet war? Ludwig hielt sich nämlich dreimal im Lauterachtal auf, beim ersten Mal, 1319, in Begleitung seiner Gattin Beatrix und seiner vier Kinder. Das jüngste war die dreijährige Anna. Überraschend verstarb sie während des Aufenthalts in Kastl. „Einst klopfte er [Ludwig] mit Weib und Kind ans Tor / Doch ach, da kam den Gästen der grimme Tod hervor", heißt es bei dem Dichter J. G. Hierl. Der kleine Leichnam wurde in die Obhut der Mönche übergeben und einbalsamiert. Der mumifizierte Körper ruhte lange Zeit in einer Tumba direkt vor dem Kreuzaltar mitten in der Klosterkirche Kastl. Erst als der alte Altar 1679 abgebrochen wurde, entnahm man die Mumie der Tumba. Heute wird sie in der Vorhalle der Kirche, im sogenannten Paradies, aufbewahrt.
Ebenfalls im Paradies findet man die originale Grabplatte und die Ehrentumba von Seyfried Schweppermann. Er war der legendäre Feldhauptmann von Ludwig dem Bayern bei der Schlacht von Mühldorf 1322. Zum geflügelten Wort ist der Ausspruch des Königs geworden, als nach der Schlacht die nur noch spärlich vorhandenen Speisevorräte an die erschöpften Krieger verteilt wurden: „Jedem ein Ei, dem frommen Schweppermann zwei!" Ludwig wollte damit seinen tapferen Feldherrn ehren. Gestorben ist Schweppermann 1337, und sein Ehrengrab fand er in der Klosterkirche von Kastl.
Seine theatralische Wiederauferstehung erlebt er im Kastler Schweppermann-Spiel, das 1953 im ehemaligen Klosterinnenhof erstmals aufgeführt wurde. Die Idee ist allerdings älter und im Grunde in Konkurrenz zu Lauterhofen entstanden. Da Schweppermann aus der kleinen Ortschaft Hüllohe im Gemeindebereich von Lauterhofen stammte, führte man dort bereits 1923 ein „historisches Volksspiel" auf. Die Kastler wollten sich da nicht lumpen lassen, 1938 gab es bereits ein fertig geschriebenes Stück, „Der Kaiser und sein Feldhauptmann", sowie einen Heimatspielausschuß, aber zu einer Aufführung kam es dann offensichtlich doch nicht. Dazu waren anscheinend die Zeiten 1938 nicht angetan . . .

1098	die Grafen von Kastl-Sulzbach-Habsberg gründen an der Stelle einer sich in ihrem gemeinsamen Besitz befindlichen Burg ein Kloster
1195	Fertigstellung der Klosterkirche mit dem ältesten Tonnengewölbe in ganz Süddeutschland
1323	Ludwig der Bayer verleiht Kastl das Marktrecht anläßlich des Dankgottesdienstes für die gewonnene Schlacht bei Mühldorf
1636	im Rahmen der Rekatholisierung der Oberpfalz ziehen die Jesuiten aus Amberg ein
1806	Kloster Kastl wird säkularisiert
1958	Einzug des Ungarischen Gymnasiums, das ab 1993 ein Europäisches wird

Beherrschend über dem Lauterachtal und dem Ort liegt die Kastler Klosterburg, eine Gründung der miteinander verwandten Grafen von Sulzbach, Kastl und Habsberg.

Der um 1300 entstandene Wappenfries an den Hochschiffwänden der Klosterkirche Kastl ist ein einzigartiges heraldisches Dokument. Auf den 69 Wappen ist die Oberpfälzer Ritterschaft recht zahlreich vertreten. Neben so bedeutenden Geschlechtern wie den Sulzbachern, den Leuchtenbergern, den Ehrenfelsern oder den Schweppermännern finden sich auf dem Fries auch eine Reihe kleinerer Geschlechter, von deren Burgen oft nicht einmal mehr der Platz bekannt ist.

LOBELIN
EGLOFFSSTAIN
POCKSBERG
DORENSTAIN

SCHWEPPERMANNSBURG

Der Alpenverein als Burgherr

Die Burg Pfaffenhofen, im Volksmund Schweppermannsburg genannt, ist ein zu Ende des 11., Anfang des 12. Jahrhunderts entstandenes Lehen der Kastler Grafen. Die Anlage ist relativ gut erhalten, und so lassen sich hier einige Merkmale einer typischen stauferzeitlichen Höhenburg ablesen. Auf der am meisten geschützten Seite der Spornlage, auf der steil abfallenden zur Lauterach hin, liegen die Wohngebäude. Die gegenüberliegende, zum Hinterland hin „offene" Seite, war früher durch einen Halsgraben geschützt, daran anschließend die Wehrmauer. Auf dieser Seite liegt auch der Zugang zur Anlage, der – auch das ganz typisch – durch den Bergfried gedeckt wird. Sein Grundriß ist quadratisch, das Satteldach wurde erst später aufgesetzt – früher war der Turm noch höher. Sein Mauerwerk weist die typischen Buckel-, aber auch Glattquader der Stauferzeit auf.

In den Wirren des Dreißigjährigen Krieges war die Burg stark in Mitleidenschaft gezogen worden und wurde erst 1692 wiederaufgebaut. Sie diente als Sitz eines Pflegamtes, das allerdings 1825 in die Räume des Klosters Kastl verlegt wurde, die durch die Aufhebung des Malteserordens leer geworden waren. Damit war das Aus der Schweppermannsburg besiegelt. Diesen volkstümlichen Namen verdankt sie übrigens Seyfried Schweppermann, dem legendären Feldhauptmann von Kaiser Ludwig dem Bayern. Schweppermann soll die Burg zur Belohnung bekommen haben für seine glanzvolle Rolle, die er bei der großen Schlacht von Mühldorf 1322 und der Gefangennahme Friedrich des Schönen von Österreich spielte (siehe auch das Kapitel über „Trausnitz"). Er selber hielt sich allerdings hier wahrscheinlich nie auf, wohl aber seine Söhne.

Um die Figur des Seyfried Schweppermann ranken sich einige Sagen. Eine davon erzählt, dass ihn Kaiser Ludwig einmal mit einem Spähauftrag hinter die feindlichen Linien schickte. Doch Schweppermann wurde entdeckt. Es begann eine Verfolgungsjagd durch „finsteres Waldgebirge", bis des Kaisers Feldhauptmann mitten im Wald auf eine Schmiede traf. Schweppermann hatte den rettenden Einfall: Er ließ die Hufeisen seines Pferdes herunterreißen und verkehrt herum wieder anschmieden. Als er daraufhin davonritt, zeigten die Spuren lediglich an, dass jemand zu der Schmiede hingeritten sein mußte. Als Kaiser Ludwig von dieser Geschichte erfuhr, soll er herzhaft gelacht und Schweppermann erlaubt haben, von nun ab Hufeisen in seinem Wappen zu tragen. Das ist zwar eine schöne Geschichte, aber leider nicht wahr. Die ab einem gewissen Zeitpunkt im Schweppermann-Wappen auftauchenden Hufeisen sind eine Umdeutung des heraldischen Pelzwerks im Wappen der Familie, des sogenannten Wolkenfehs. Was einst Wolken waren, wurden nun fehlgedeutet Hufeisen. In der Klosterkirche von Kastl sieht man beide Formen, die falschen Hufeisen auf der Tumba, die richtigen Wolken auf dem Grabstein direkt dahinter.

11./12. Jh.	Gründung durch die Grafen von Kastl-Sulzbach
nach 1200	Erbauung der heutigen Burg
14. Jh.	als Lehensträger tauchen auf: die „Smid", die Steiniger, die Nortweiner und Kegelheimer
1330–53	im Besitz von Heinrich und Hartung Schweppermann, Söhne des legendären Seyfried Schweppermann
1633	die Schweden äschern die Burg ein
1692	Wiederaufbau und Sitz eines Pflegamtes
nach 1842	teilweise abgetragen
heute	der Deutsche Alpenverein, Sektion Amberg, nutzt die Anlage als Wanderstützpunkt

Einmal im Jahr herrscht reges Leben auf der Schweppermannsburg, wenn die Sektion Amberg des Deutschen Alpenvereins zum Burgfest einlädt. Nach dem Gottesdienst sitzt man dann gerne und lange unter der Linde im Burghof.

SULZBACH

Einst Mittelpunkt des von Karl IV. geschaffenen „Neu-Böhmen“

Gebhard I. von Sulzbach, so die landläufige Sage, sei der Erbauer der Burg Sulzbach gewesen und zwar in der ersten Hälfte des 11. Jahrhunderts. Zwar spekulierte man über einen Vorgängerbau dieser sogenannten „Gebhardsburg“, doch Baunachrichten darüber fehlten. Deshalb mußte es auch noch 1992 in einer Veröffentlichung des Buch & Kunstverlages heißen, es sei nicht nachzuweisen, „ob die Gebhardsburg an der Stelle des Hofkastens stand oder im Kern des heutigen Schlosses steckt“. Just im selben Jahr begannen umfangreiche archäologische Grabungen am und im Sulzbacher Schloß, die nachgerade Sensationelles zutage förderten. In einem abschließenden Bericht von Mathias Hensch heißt es, nunmehr sei nachgewiesen, „dass die Burg rund 300 Jahre vor der sagenhaften Gründung [durch Gebhard, Anm. B. S.] entstand und schon vor den historisch überlieferten Sulzbacher Grafen des 11. und 12. Jahrhunderts zu einem Zentrum mit überregionaler Bedeutung aufstieg“.
Anfänglich war es noch ein Holzgebäude in Pfostenbauweise, das nördlich der heutigen Schloßkapelle stand. Womöglich war bereits dieser Bau befestigt, und zwar durch eine Holz-Erde-Mauer. Diese früheste Siedlungsperiode wird durch eine zweite abgelöst, bei der es – im 9. und 10. Jahrhundert – zu einem großflächigen Ausbau der Kernburg kam. Es entstand ein steinerner Saalbau mit Feuerstelle, seine Grundmauern wurden bei den archäologischen Grabungen im Keller des heutigen Kanzleiflügels freigelegt. Um ihn herum gruppierten sich weitere Wohngebäude, mit aufwendigen Systemen von Heizungskanälen, die zusammen ein Ensemble ergaben, das – ähnlich wie das heutige Schloß – schon von weither aufgrund seiner exponierten Lage auf dem Jura-Höhenrücken ins Auge stach.
Die Grafen von Sulzbach kommen erst ungefähr mit dem Jahr 1000 ins Spiel. Sie haben der Anlage einen achteckigen Wohnturm hinzugefügt (um 1100), der vielleicht Vorbild für den Turm in Ebermannsdorf war. 1355 wird Sulzbach Mittelpunkt des durch Kaiser Karl IV. neugeschaffenen Territoriums „Neu-Böhmen“, das eine Verbindung zwischen Eger und Nürnberg bzw. Frankfurt herstellen sollte. 1505 endete der Landshuter Erbfolgekrieg mit einem Schiedsspruch, der die Neugründung der „Jungen Pfalz“ vorsah als Ausgleich für die beiden Söhne der Herzogstochter Elisabeth – weil sie keine Brüder gehabt hatte, war ihr Erbantritt der Casus belli gewesen. Einer der beiden Söhne war Ottheinrich. Zusammen mit seinem Bruder Philipp regierte er die „Junge Pfalz“ und zwar vorwiegend von Neuburg an der Donau und Burglengenfeld aus. Sein Nachfolger Ottheinrich II. wählte Sulzbach zu seiner Residenz. Ihm hat man lange Zeit viele bauliche Veränderungen am Sulzbacher Schloß zugeschrieben. Die Grabungen der 90er Jahre haben nun bewiesen, dass diese Bauteile um einiges älter sind.
Mit dem Tod der letzten Pfalzgräfin Franziska Dorothea 1794 verfiel Schloß Sulzbach immer mehr. 1807 erwarb der Verleger Johann Esaias von Seidel die ganze Anlage und brachte hier Druckerei und Verlag unter. Den sogenannten „Hussenturm“ – in der Zeit der Hussitenkriege entstanden – ließ er abreißen und an dessen Stelle einen Pantheon errichten. Hier wurden die Büsten seiner Verlagsautoren aufgestellt neben denen von Staatsmännern und Gelehrten. Eine noble Geste, die jedem Verleger gut anstünde. Leider wurde das Pantheon 1862 schon wieder abgerissen.

9. Jh.	ein Holzpfostenbau auf dem Schloßberg, danach im 10. Jahrundert ein steinerner Saalbau
ab 1000	die Grafen von Sulzbach werden faßbar
1355	Sulzbach als Mittelpunkt des von Karl IV. geschaffenen „Neu-Böhmen“
ab 1582	Ottheinrich II. residiert in Sulzbach
1794	Tod der letzten Pfalzgräfin Franziska Dorothea; Verfall des Schlosses; nacheinander verschiedene Nutzungen
seit 1994	umfangreiche Grabungs- und Sanierungsarbeiten

Burg, Schloß, Kaserne, Lazarett, Gefängnis, Druckerei, Museum, Archiv – was war nicht schon alles in diesen Mauern. Jetzt sind es Polizei, Straßenbauamt, Musikschule und Stadtbibliothek. Nach abgeschlossener Restaurierung kann Sulzbach wieder mit einer beeindruckenden Schloßanlage aufwarten.

BREITENSTEIN

Die angebliche Doppelkapelle war eine Toranlage

Man solle endlich einmal aufhören, den Unsinn von der romanischen Doppelkapelle Breitenstein weiter zu verbreiten. Weiter verbreiten durch ständiges Abschreiben der alten Fehldeutungen. 80 Prozent der sogenannten Burgenliteratur entstehe so, sagt Mathias Conrad, ein Heimatkenner und Heimatforscher, wie ich noch selten einen zweiten getroffen habe. Er hat zusammen mit Gleichgesinnten vor 16 Jahren den „Heimatkundlichen Kreis Amberg-Sulzbach" ins Leben gerufen. Der gibt die Zeitschrift „Der Eisengau" heraus, und dort kann man, in der gebotenen Nüchternheit, nachlesen: „Der 612 m hohe Breitenstein südlich von Königstein ist ein beliebtes Ausflugs- und Wanderziel im Sulzbacher Land. Von der einst auf ihm stehenden Burg hat sich nur mehr die Kapelle erhalten, die bislang als Beispiel einer romanischen Doppelkapelle angesehen worden ist, sich aber bei näherer Betrachtung eher als Torbau mit darüberliegender Kapelle darstellt."

„Steingerechte Betrachtung", darauf setzt Mathias Conrad und demonstriert uns eindrucksvoll an diesem Nachmittag, an dem er uns auf den Breitenstein führt, wie weit man allein damit kommen kann: sich die Steine und ihre Botschaften einmal genau anzuschauen und zu deuten. Auf dem Breitenstein gibt es zwei Felskuppen, den Vorderen oder Altbreitenstein und den Hinteren im Süden, wo heute die Kapelle steht. Sie ist alles, was übriggeblieben ist von einer stauferzeitlichen Burg, die einmal Sitz des Ministerialengeschlechts der Breitensteiner war. Sie stiegen in der Hierarchie auf und lebten anscheinend auf großem Fuß, so dass sie die Burg 1627 an die Sulzbacher Herzöge verkaufen mußten.

Irgendwann wurde auch denen der Unterhalt von Breitenstein zu teuer, sie ließen die Burg verfallen, schlußendlich benutzte man sie als Steinbruch, trug sie fast völlig ab. Bis eben auf die Kapelle. An die wagte man sich nicht heran. Schließlich ist eine Kapelle ein Heiligtum. Die reißt man nicht so einfach ab. Das mache der „apotropäische Charakter" eines solchen Baus aus. Man könnte übersetzen: die abschreckende, Zurückweichen verursachende Wirkung.

Genau aus diesem Grund hat man Burgkapellen gelegentlich direkt über das Tor gebaut: die Angreifer schreckten zurück, es zu bestürmen und einzureißen. In Donaustauf findet man dieselbe Situation vor, auch in Vilseck. Und eben hier auf dem Breitenstein. Man sieht genau, wo die Torpassage verlief: eben im Untergeschoß der heute so apostrophierten „Doppelkapelle". Der nördliche Torbogen ist noch in der alten Form erhalten und garantiert heute als einzige Maueröffnung Lichtzufuhr. Von ihm aus wird eine Holzbrücke auf die Felsgruppe des Vorderen Breitenstein geführt haben. Der südliche Torbogen ist zugemauert durch die später außen angebrachte Steintreppe, die in das Obergeschoß führt. Dort befindet sich die eigentliche Kapelle, die mit ihren über sechseinhalb Metern Raumhöhe eben auch etwas Kapellenhaftes hat, während das Untergeschoß gerade mannshoch ist – wie eben eine Torpassage, die immer relativ eng gemauert war: der Angreifer sollte möglichst wenig Bewegungs- will sagen Kampffreiheit haben.

Heute sind untere und obere Kapelle durch einen Hörschacht verbunden. Doch das war sicher nicht von Anfang an so. Vielleicht hat erst die Sulzbacher Herzogin Eleonore im Untergeschoß den Sakralraum einrichten lassen, das wäre dann 1713 gewesen, als sie den ruinösen Rest von Burg Breitenstein – mehr als die Kapelle war es nicht mehr – wieder herrichten ließ.

Und somit wäre dann auch die Fehldeutung der einstigen Toranlage als originäre Doppelkapelle aufgedeckt.

11./12. Jh.	auf dem Vorderen Breitenstein entsteht als Lehen der Grafen von Sulzbach eine Burg
nach 1188	Ministeriale der Staufer bauen eine zweite Burg auf dem Hinteren Breitenstein, von der heute nur mehr die Torkapelle steht
1266	urkundlich faßbar: Hermann von Breitenstein
1627	Verkauf an die Sulzbacher Herzöge, die die Burg allerdings bald aufgeben und verfallen lassen

Im zeitigen Frühjahr, wenn die Bäume noch nicht ganz belaubt sind, ist die exponierte Lage der Burgkapelle besonders gut zu erkennen.

LICHTENEGG

Eine Ruine mit Panoramablick

Ganz im äußersten Westen des Landkreises Amberg-Sulzbach und schon fast an der Grenze zu Mittelfranken liegt das Birgland mit seiner überaus reizvollen Juralandschaft. Man findet auf dem Burgberg von Lichtenegg wenig Baum- und Strauchbewuchs, lediglich der für diese Landschaft typische Wacholder und eine artenreiche Magerrasenflora prägen die sanft ansteigenden Hänge. Wie alte Fotos und Ansichten zeigen, war er einst – bis auf einzelne Birken und Kiefern sowie die Dorflinde am Westhang – weitgehend von hohem Bewuchs frei. Nur so war auch der grandiose 360-Grad-Rundblick möglich, der Lichtenegg zu einem einzigartigen Aussichtspunkt macht. Von hier oben hatte und hat man einen Weitblick bis zum Ochsenkopf im Fichtelgebirge, den Hohen Bogen im Bayerischen Wald und den tschechischen Tillenberg bei Neualbenreuth, wo der Mittelpunktstein von Europa steht.

Dass dieses typische Landschaftsbild verlorenging, hängt damit zusammen, dass immer mehr Bauern ihr Vieh in Ställen halten, dass es immer weniger Schafherden gibt. Es fehlt der unerläßliche Weidefraß. Deshalb konnte es auch passieren, dass die Burgruine Lichtenegg immer mehr zuwuchs. Erst der Burgverein Lichtenegg, bestehend aus engagierten Bürgern der Umgebung, änderte dies. In ihrer Freizeit legten sie den Burgberg wieder frei und begannen auch mit einer Restaurierung der Gemäuer. Jetzt macht der Name der Burg wieder Sinn, denn „Lichtenegg" setzt sich zusammen aus dem mittelhochdeutschen „lieht" für „hell, strahlend, blank", was die freie, baumlose Lage meint, in Verbindung mit „-egg", eine häufige Bezeichnung bei Burgen in exponierter Lage.

Lichtenegg ist jetzt auch wieder optisch das, was man ein „Felsennest" nennt, wohl weil es den Eindruck macht, als sei die Burg wie ein Adlerhorst auf den Felsen hinaufgesetzt. (In den beiden Untergeschossen des Palas bildet der Fels quasi die Gebäuderückwand.) Vermutlich ist die Burg eine Gründung der Grafen von Sulzbach. Erstmals urkundlich erwähnt ist sie um das Jahr 1300 im Nürnberger Reichssalbüchlein.

Literarischen Niederschlag hat Lichtenegg bei Knorr von Rosenroth gefunden, der als Kanzleidirektor in Diensten des Herzogs Christian August von Sulzbach stand. Der Sulzbach-Rosenberger Autor und Gründer des dortigen Literaturarchivs, Walter Höllerer, hat nachdrücklich auf Rosenroth hingewiesen, vor allem auf seine „Morgen-Andacht". „In diesem Gedicht spiegeln sich für mich ausgedehnte Wälder, Steinhalden, Erzgruben, der Feuerschein der Hochöfen über mittelalterlichen Mauern", schrieb Höllerer. Man nimmt an, dass Rosenroth folgende Verse schrieb, als er auf einer Wanderung zur Burg Lichtenegg unterwegs war:

Morgen-Glantz der Ewigkeit
Licht vom unerschöpften Lichte
Schick uns diese Morgen-Zeit
Deine Strahlen zu Gesichte:
Und vertreib durch deine Macht
Unsre Nacht.

Allerdings war zu Zeiten Christian Knorr von Rosenroths Lichtenegg schon nicht mehr Besitz der Sulzbacher Herzöge. 1580 war die sechs Jahre vorher ausgebrannte Burg nach vorangegangenen häufigen Besitzerwechseln in die Hände der Familie von Preysing gekommen, einer Adelssippe aus der Gegend zwischen Landshut und Moosburg. Die Preysing wohnten allerdings nicht mehr auf der Burg, da diese damals bereits Ruine war.

um 1300	erste urkundliche Erwähnung der Burg Lichtenegg, die ursprünglich im Besitz der Grafen von Sulzbach gewesen sein dürfte
1320	Verpfändung an den böhmischen König und deutschen Kaiser Karl IV., Lichtenegg gehört zu Neuböhmen mit der Hauptstadt Sulzbach
um 1430	vermutlich Zerstörung durch die Hussiten, später wiederaufgebaut
1580	die Familie Preysing wird Besitzer und verkauft die Burg 1715 weiter
1998	Gründung des Burgvereins Lichtenegg, Beginn der Freilegung des Burgbergs und Sicherung der Mauerreste

An einem Oktobermorgen liegen die Täler um Lichtenegg noch im Nebel. Ansonsten reicht der Blick an klaren Tagen nach Norden über den Rauhen Kulm bis zum Fichtelgebirge und zu den böhmischen Grenzbergen.

Die Mitglieder des Fördervereins Burgruine Lichtenegg haben die Initiative ergriffen und umfangreiche Sicherungsmaßnahmen durchgeführt. So kann man sich wieder einen ungefähren Eindruck von der Größe der einstigen Burg Lichtenegg verschaffen.

DIE BURG ALS BAUWERK

Die Entwicklung des Burgenbaus vom 11. Jahrhundert bis in die frühe Neuzeit

Burgen, so wie wir sie heute vor Augen haben, vermitteln immer nur das Bild ihrer letzten Ausbaustufe. Veränderte Wohnansprüche und der Fortschritt in der Belagerungstechnik haben im Laufe der Jahrhunderte immer wieder Baumaßnahmen nach sich gezogen, die das Erscheinungsbild einer Burg oft stark verändert haben. Aus Kleinburgen sind nicht selten gewaltige Anlagen entstanden, wie Burg Leuchtenberg zeigt. Bei der Beschäftigung mit einer Burg ist es deshalb geboten, das Bauwerk differenziert zu betrachten. Nur so ist es möglich, die einzelnen Bauphasen in ihrer zeitlichen Abfolge zu erfassen.

Der salierzeitliche Burgenbau

Von Burgenbau in engerem Sinn können wir erst ab dem 11. Jahrhundert sprechen. Damals ging der selbstbewusst werdende Adel in steigendem Maße daran, feste Türme oder Häuser als ständige, repräsentative Wohnsitze zu errichten. Damit wurde die Burg zum Statussymbol der herrschenden Oberschicht. Bestand sie anfangs noch vielfach aus Holz und Erdwällen, so setzte sich zunehmend der Steinbau durch.

Die Burgen der Salierzeit, wie man den Zeitraum vom frühen 11. bis ins frühe 12. Jahrhundert bezeichnet, waren bis auf wenige Ausnahmen – und dazu gehört Burglengenfeld – äußerst kleinräumig. Häufig bestanden sie nur aus einem freistehenden, mehr oder weniger quadratischen Wohnturm, bzw. einem turmartigen Haus. Umgeben war er in engem Abstand von einer steinernen Ringmauer oder einer Holzpalisade, der vielleicht noch ein Graben vorgelegt war. Dazwischen hatten, wenn überhaupt, nur wenige Nebengebäude aus Holz oder Fachwerk Platz. Nicht unerwähnt sollen in diesem Zusammenhang die sog. Motten sein. Das waren auf einem künstlich aufgeschütteten Hügel errichtete Wohntürme aus Holz mit Palisadenwehr und Ringgraben am Hügelfuß. Für diese Kleinburgen, deren einziges bemerkenswertes Element der Wohnturm war, hat sich die Bezeichnung Turmburg eingebürgert.

Noch ein paar Anmerkungen zum Mauerwerk. Die Mauer ist in der Regel zweischalig, besteht also aus einer äußeren und einer inneren Schale aus Werk- bzw. Bruchsteinen. Dazwischen befindet sich das weniger stabile Füllwerk aus Steinbrocken in Mörtelbettung. In der Salierzeit hat man die Schalen vielfach aus kleinen Quadern (sog. Handquadern) bzw. quaderartig zugerichteten Hausteinen mit durchgehenden Lagerfugen aufgeführt, wobei die Formate der einzelnen Schichten unterschiedlich sind.

Eine der wenigen erhaltenen Kleinburgen aus salischer Zeit findet man nahe der Ortschaft Ebermannsdorf im Landkreis Amberg-Sulzbach. Durch einen tiefen Abschnittsgraben vom ansteigenden Hang getrennt, steht dort, umgeben von den Resten einer Ringmauer, ein achteckiger Wohnturm aus den 1120er Jahren. Der noch 16 m hoch aufragende Turm mit seinen über 2 m dicken Mauern und dem Eingang in 4 m Höhe revidiert unser Bild von Ritterromantik gründlich. Das Leben in seinen engen, nur über Leitern zu erreichenden Räumen war selbst im Sommer alles andere als angenehm. Einziger Luxus: ein offener Kamin und ein Abortschacht im fensterlosen ersten Obergeschoss.

Der stauferzeitliche Burgenbau

Die Stauferzeit gilt gemeinhin als die klassische Epoche des mittelalterlichen Burgenbaus. Sie reichte, rechnet man das Interregnum mit dazu, vom frühen 12. bis weit in die zweite Hälfte des 13. Jahrhunderts. Träger des Burgenbaus waren vorwiegend die Ministerialen, eine sich damals herausbildende Schicht von niedrigen Adeligen. Sie standen in den Diensten des Hochadels oder der Bischöfe und hatten wesentlichen Anteil am hochmittelalterlichen Landesausbau.

Lagen in der Salierzeit die Burgen vielfach noch in Ortsnähe, so suchte man jetzt exponierte Standorte, wie Bergsporne oder Felskuppen. Oft klingt dies bereits im Burgnamen an. Gerade in der westlichen Oberpfalz, wo die kuppenreiche Alb die topographischen Voraussetzungen dafür bot, finden wir gehäuft Namen mit den Endungen -eck, -fels oder -stein. So z.B. bei den auf engstem Raum gelegenen Burgen Hauseck, Lichtenegg, Neidstein, Rupprechtstein oder Breitenstein.

Durch die Burgen, auf denen sie ihre Ministerialen sitzen hatten, demonstrierten Adel und Kirche ihre Territorialansprüche, denn feste Grenzen im heutigen Sinn gab es zur Stauferzeit noch nicht. Man spricht in diesem Zusammenhang deshalb vom Personenstaat. Die Höhenburg hatte auch Symbolcharakter, hob man sich doch dadurch optisch von den Untertanen ab, die unten in den Talsiedlungen wohnten. Außerdem bot sie ein höheres Maß an natürlichem Schutz, besaß aber den Nachteil der Siedlungsferne, was im späten Mittelalter nicht selten zur Aufgabe einer Burg geführt hat.

Im 14. Jahrhundert ist der romanische Torbau der Burg Dagestein zum Bergfried aufgestockt worden. Die Gebäude standen jetzt nicht mehr frei im Zentrum der Anlage, sondern rückten an den Rand, wobei ihre Außenwände oft den Bering bildeten. Ein schönes Beispiel hierfür ist Burg Trausnitz bei Pfreimd, wo sich Wohn- und Wirtschaftsgebäude sowie der Bergfried um einen engen Hof gruppieren.

Torbau der Burg Leuchtenberg mit hussitenzeitlicher Steigbügelscharte. Dahinter der staufferzeitliche, mit Quadern verblendete Bergfried.

In der Stauferzeit traten an die Stelle des zentralen Wohnturms der Bergfried und der Palas. Damit war es zu einer Aufteilung von Wehr- und Wohnfunktion auf zwei eigenständige Gebäude gekommen. Turmburgen wurden zwar weiterhin errichtet, aber nicht mehr in dem Umfang wie zuvor. Als Hauptturm der Burg bestimmte nun der hoch aufragende Bergfried weithin sichtbar ihre Silhouette und trug damit viel zu ihrer Fernwirkung bei.

Der Bergfried war das festeste Bauwerk der Burg. Man hat ihn deshalb häufig an die Zugangsseite gesetzt, eine Bauform, die als Frontturmanlage bezeichnet wird. Einerseits sollte dadurch das Tor gedeckt werden, das sich meist direkt neben dem Bergfried befand, andererseits wollte man damit die Festigkeit der Burg herausstellen und Wehrhaftigkeit demonstrieren. Schön zeigt sich diese Situation auf Burg Laaber hoch über dem gleichnamigen Ort. Der in seinem unteren Teil noch erhaltene, mit großen Buckelquadern verblendete Bergfried steht neben dem romanischen Doppeltor, unmittelbar hinter der Ringmauer. Er ist über Eck gestellt, wendet also dem Angreifer nicht die Breitseite, sondern das abweisende Eck zu. Ein in den Fels gehauener Halsgraben riegelt die Anlage gegen die Hochfläche hin ab.

Da der Bergfried nicht bewohnt war, ist seine Grundfläche kleiner als die des Wohnturms. Sein oberer Abschluss bestand in der Regel aus einer Wehrplatte mit Zinnenkranz. Zugänglich war der Bergfried über einen Hocheingang. Man hat deshalb in ihm den letzten Zufluchtsort der Burgbesatzung gesehen. Das machte aber nur Sinn, wenn in Kürze mit Entsatz zu rechnen war. Ansonsten saßen die Verteidiger im Bergfried wie in einer Mausefalle und man brauchte nur abzuwarten, bis sie völlig demoralisiert aufgaben. Da der Bergfried in der Regel das solideste Bauwerk der Burg darstellte, hat er sich auf vielen Oberpfälzer Burgen erhalten, während von den restlichen Gebäuden oft nur mehr wenig zu sehen ist.

Als Hauptwohnbau der Burg besaß der Palas einen mehr oder weniger aufwändig gestalteten Saal im Obergeschoss. Man denke in diesem Zusammenhang nur an den Palas der Burg von Kallmünz mit seinen prachtvollen Triforen (Drillingsfenster). Im Vergleich zum Turmhaus der Salierzeit fehlen dem Palas jedoch die Wehrelemente. Bei Höhenburgen, und das war in unserem Raum der dominierende Bautyp, steht er häufig an der feindabgewandten Steilseite, zumeist in betonter Aussichtslage. Bis an den Rand des Felsens gerückt, bilden seine Außenmauern oft den Bering. Weitere Bauten, vor allen für Wirtschaftszwecke und häufig aus Holz, konnten die Innenbebauung der Burg ergänzen.

Umschlossen war die Burg ganz oder teilweise von einer Ringmauer, deren Verlauf durch die Topographie des Platzes vorgegeben war. Ihr oberer Abschluss bestand aus einer Brustwehr mit Zinnen. Dies ermöglichte es den Verteidigern, Angreifer von erhöhter Warte aus zu bekämpfen. Eine heute vielfach vergessene Waffe war dabei der geworfene Stein. In kriegerischen Zeiten hat man auf Wehrgängen und Türmen oft große Mengen davon deponiert. Das üblicherweise auf der am leichtesten zugänglichen Seite der Burg gelegene Tor bestand auch in der Stauferzeit häufig nur aus einem einfachen Mauertor. Trotz der neuen Bauelemente sind die meisten Burgen dieser Epoche von der Größe her eher bescheidene Anlagen.

Ein Merkmal stauferzeitlicher Bauten ist die Verwendung von sorgfältig behauenen, großformatigen Quadern, sowohl von Glattquadern, als auch von Buckelquadern. Letztere besitzen, wie der Name schon sagt, auf ihrer Stirnseite einen roh behauenen Buckel mit glattem Randschlag, der ein exaktes Versetzen der Steine ermöglichte. Buckelquader beleben die Fassade und verleihen ihr eine wuchtige Massenwirkung, weshalb man sie gerne an Wehrelementen, wie dem Bergfried, dem Tor oder der Ringmauer, verbaut hat.
Ab der zweiten Hälfte des 13. Jahrhunderts verwandte man zunehmend weniger Mühe auf eine saubere Ausführung des Mauerwerks. Anstelle von Quadern finden wir jetzt vermehrt Bruchsteinmauerwerk. Nur die Ecken wurden aus Stabilitätsgründen weiterhin gequadert.

Gegen Ende des 14. Jahrhundert tauchen in unserem Raum erstmals Schießscharten auf, die eine Verteidigung aus der Deckung heraus ermöglichten, dafür aber das Schussfeld stark einengten. Anfangs waren die Scharten noch über 1 m lang und für die Verwendung des Bogens bestimmt. Später, als die Armbrust die Hauptverteidigungswaffe wurde, nahm ihre Länge ab.

Standen in der Stauferzeit die Türme noch bündig in der Ringmauer oder unmittelbar hinter ihr, so platzierte man sie jetzt so, dass sie über die Mauerflucht vorsprangen. Auf diese Weise konnten die Verteidiger die Mauer seitlich einsehen und mit Abwehrwaffen bestreichen. Dieses Prinzip, in der Fachsprache als Flankierung bezeichnet, wurde bestimmend für den spätmittelalterlichen und frühneuzeitlichen Burgenbau.

Der spätmittelalterliche Burgenbau

Im Spätmittelalter, so etwa ab 1350, entstanden kaum mehr neue Burgen, stattdessen wurden bestehende Anlagen weiter ausgebaut. Beispiele einer späten Gründung sind die Burg in Heimhof sowie die Kürnburg bei Stammsried. Beide Anlagen, die um die Mitte des 14. Jahrhunderts erbaut wurden, besitzen keinen Bergfried mehr, sondern als Hauptgebäude einen hoch aufragenden, wehrhaften Wohnbau. In Heimhof ist dieser noch unter Dach und auch innen in seltener Vollständigkeit erhalten.

Die Hussiteneinfälle in den zwanziger und dreißiger Jahren des 15. Jahrhunderts lösten auf vielen Oberpfälzer Burgen eine rege Bautätigkeit aus. Um sie auf den Stand der Zeit zu bringen, errichtete man Vorbefestigungen in Form von Zwingern, was die Ausdehnung der Burgen oft erheblich vergrößerte. Sehr schön zu sehen ist dies auf Burg Leuchtenberg. Der Hauptmauer ist hier in engem Abstand eine niedrigere Zwingermauer vorgelegt, was eine gestaffelte Verteidigung ermöglichte. In den Zwinger, also in den Raum zwischen den beiden Mauern, eingedrungene Feinde waren in ihren Deckungsmöglichkeiten und ihrer Bewegungsfreiheit stark eingeschränkt und konnten so von der höheren Hauptmauer aus besser bekämpft werden.

In die Zwingermauer eingebunden sind kleine, halbrunde Türme, die über die Mauerflucht vorspringen und der Flankierung dienten. Es handelt sich dabei um sog. Schalentürme, also Türme, die hinten offen sind. So sparte man Baumaterial, zum anderen konnten sich Feinde in ihnen nicht festsetzen und von dort aus gegen die Verteidiger der Burg agieren. Im 15. Jahrhundert ging man dazu über, Ringmauern und Türme zu decken, also mit Dächern zu versehen. Dies bot den Verteidigern mehr Schutz und verhinderte ein Nasswerden des Schießpulvers. Auch auf das Tor, das eine Schwachstelle in der Befestigung bildete, hat man damals ein

Die Außenschale des Bergfrieds der Schweppermannsburg besteht aus mächtigen Dolomit-Buckelquadern. Sie erreichen Längen von 1,10 m und sind bis zu 60 cm hoch.

besonderes Augenmerk gelegt. Im Zuge der erwähnten Ausbaumaßnahmen wurde es häufig durch ein Vorwerk verstärkt.

Noch ein Wort zu den Schießscharten. Im Laufe des 15. Jahrhunderts lösten Feuerwaffen zunehmend die Armbrust ab. Dies hat seinen Niederschlag auch in der Form der Schießscharten gefunden, die nun unten eine runde Öffnung zum Durchstecken des Büchsenlaufs und darüber einen Schlitz zum Zielen besitzen. Wegen ihrer Ähnlichkeit mit einem umgedrehten Schlüsselloch bezeichnet man diese Schartenform als Schlüsselscharte.

Der frühneuzeitliche Burgenbau

Bis ins späte 15. Jahrhundert beruhte die Wehrhaftigkeit einer Burg auf der Überhöhung gegenüber dem Gegner. Dies änderte sich, als die Artillerie immer mehr über den Erfolg einer Belagerung entschied und selbst meterdicke Mauern einer Beschießung nicht mehr standhielten. Damit musste man die Verteidigung in die Horizontale verlagern und den Gegner so weit als möglich auf Distanz halten.

So manche Adelige unternahmen damals noch den verzweifelten Versuch, durch eine Massierung der Befestigung diese Entwicklung aufzuhalten. So entstanden etwa auf der Kürnburg bei Stammsried, der Schwarzenburg bei Rötz oder auf Burg Donaustauf an den Rand der Burgfläche geschobene, wuchtige Geschütztürme mit meterdicken Mauern. Es sind durchwegs Rundtürme, da bei Beschuss die Kugeln in der Rundung leichter abglitten. In ihrem Innern befanden sich mehrere Feuerebenen, von denen aus die Verteidiger auch mit schwerem Geschütz die Angreifer unter Beschuss nehmen konnten. Letztendlich war es aber nur eine Frage der Zeit, bis auch diese Burgen fielen.

Die fünfhundertjährige Epoche, in der die Burg den Machtanspruch und das Sicherheitsbedürfnis einer herrschenden Oberschicht verkörperte, war endgültig vorbei. An ihre Stelle trat die Artilleriefestung mit ihren Bastionen, die nun nicht mehr Sitz eines einzelnen Adeligen oder einer Adelsgemeinschaft war, sondern der Verteidigung eines Staatsgebildes diente.

GLOSSAR

Batterieturm
Runder, gedrungener Turm von oftmals enormer Mauerstärke (Donaustauf fast 5 m) und mehreren Feuerebenen für Pulvergeschütze. Im ausgehenden 15. und 16. Jahrhundert als Antwort auf eine immer wirkungsvollere Belagerungsartillerie meist an der Zugangsseite errichtet. Durch seine runde Form glitten bei Beschuss die Kugeln leichter ab (Schwarzenburg, Kürnburg).

Bergfried
Meist freistehender, hoch aufragender Hauptturm der Burg, der ihre Silhouette weithin sichtbar bestimmt und dadurch stark symbolischen Charakter hatte. Er besitzt eine Mauerstärke von bis zu 2 m und mehr, einen hofseitigen Hocheingang sowie eine Wehrplattform mit Zinnenkranz bzw. später ein Wehrgeschoß. Da der Bergfried nicht bewohnt war, ist seine Grundfläche in der Regel kleiner als die des Wohnturms. Häufig steht er zur Deckung der Zugangsseite unmittelbar neben dem Tor (Laaber, Neuhaus). Der Bergfried ist eine Errungenschaft der Stauferzeit und taucht im Burgenbau demnach nicht vor der Mitte des 12. Jahrhunderts auf. Als letzter Zufluchtsort der Burgbesatzung machte er nur Sinn, wenn in Kürze mit Entsatz zu rechnen war.

Bruchsteinmauerwerk
Mauerwerk aus Bruch- oder Feldsteinen mit Eckquaderung zur Stabilisierung. Es löst gegen 1270/80 das seit der Salierzeit übliche Quadermauerwerk ab.

Buckelquader
Quader mit glattem Randschlag und einem roh behauenen, vorspringenden Buckel (Bosse). Buckelquader beleben die Fassade und verleihen ihr durch ihre wuchtige Massenwirkung ein wehrhaftes Aussehen. In der Literatur wird vielfach die Ansicht vertreten, dass sie Angreifern das Anlehnen von Sturmleitern erschweren sollten. Verbreitet ist der Buckelquader in der stauferzeitlichen Wehrarchitektur, vor allem an Außenfassaden, während im Innern der Burg häufig Glattquader verbaut sind. Im späten 15., vor allem aber im 16. Jahrhundert kommt es zu einer Renaissance des Buckelquaders.

Burghut
Befehlsgewalt über eine Burg, durch einen Ministerialen im Auftrag des Landesherrn ausgeübt (Flossenbürg).

Burgstall
Standort, Stelle (=Stall) einer abgegangenen Burg, von der sich kein aufgehendes Mauerwerk mehr erhalten hat, allenfalls Geländespuren in Form von Gräben und Schuttwällen.

Festes Haus
Meist freistehendes, massives Haus, das Wehr- und Wohnbau in einem war. Eng verwandt mit dem Wohnturm, nur dass seine Gestalt aufgrund der Breitenlagerung und der meist geringeren Höhe des Baukörpers mehr einem Haus gleicht (Heimhof).

Flankierung
Man versteht darunter das Vorspringen von Befestigungselementen, wie Türmen oder Basteien, über die Mauerflucht zur seitlichen Bestreichung der Mauer bzw. ihres Fußes mit Waffen.

Frontturmanlage
Burg, bei der der Bergfried an der Zugangsseite platziert ist. Er diente der Sicherung des Tores und sollte Wehrhaftigkeit demonstrieren (Trausnitz, Schweppermannsburg).

Futtermauer
Mauerwerk zum Ausgleich von Unebenheiten an Felswänden oder unterer Teil einer Außenmauer bis zu der Höhe, wo sich diese als freistehende Mauer fortsetzt (Stützmauer).

Halsgraben (Abschnittsgraben)
Trockener Graben, der eine auf der Spitze eines Bergsporns (Bergzunge) gelegene Burg gegen das Hinterland hin abriegelt.

Handquader
Kleinformatiger, oft nur handgroßer Quader, der geradezu typisch ist für die Salierzeit. Mauern dieser Epoche zeigen durchgehende Lagerfugen mit wechselnden Schichthöhen und Formaten (Burglengenfeld).

Hausrandburg
Burg mit randständigen Gebäuden, die einen Hof umschließen. Ihre Außenmauern bilden häufig zugleich den Bering, so dass dort auf eine Ringmauer verzichtet werden kann. Die Hausrandburg wird ab dem 12. Jahrhundert zum dominierenden Bautyp (Wolfsegg, Wolfstein).

Lehen
Gut, häufig in Form einer Burg mit den dazugehörigen Ländereien, das vom Landesherrn (Lehensherr) an einen Adeligen (Lehensmann) als Entgelt für seine Dienste verliehen wurde. Der Ertrag aus dem Lehen bildete die wirtschaftliche Basis für den Lehensmann, dafür war dieser zu Treue, Gefolgschaft, Kriegsdienst oder die Ausübung eines Amtes verpflichtet. Zunächst persönlich auf Lebenszeit vergeben, wurden die Lehen später erblich und gingen sogar vielfach in Eigenbesitz über.

Ministeriale (Dienstmann)
Lehensmann, dem Lehensherrn für die Nutzung eines Gutes zu Treue und Gefolgschaft verpflichtet (siehe Lehen). Die Ministerialen waren die eigentlichen Träger des mittelalterlichen Burgenbaus.

Palas
Zwei- bis dreigeschoßiges Hauptwohngebäude der Burg, meist mit einem mehr oder weniger aufwendig gestalteten Saal im Obergeschoß (Kallmünz/Fensterarkaden). Im Vergleich zum Festen Haus fehlen ihm die Wehrelemente. Bei Höhenburgen steht der Palas häufig auf der unzugänglichen Steilseite. Bis an den Rand des Felsens gerückt, bildet seine Außenmauer dann zugleich den Bering (Pfaffenhofen, Stefling).

Ringmauer (Bering)
Wehrmauer, die das Burgareal ganz oder teilweise umschließt. Ihr Verlauf wurde in der Regel durch die Topographie des Platzes bestimmt.

Salierzeit
Die Salier waren ein fränkisches Geschlecht, das von 1024 bis 1125 die deutschen Könige stellte (Konrad II., Heinrich III., Heinrich IV., Heinrich V.). Im Burgenbau setzt sich der Steinbau gegenüber dem Holzbau durch.

Schalenturm
In die Mauer eingebundener, vorspringender Halbrundturm, der eine Flankierung der Mauer ermöglichte. Auf seiner Rückseite offen, sollte er ein Festsetzen eingedrungener Feinde im Turm verhindern. Schalentürme finden wir ab dem frühen 15. Jahrhundert.

Schießscharte
In der Mauer ausgesparte Öffnung, die im Gegensatz zur Zinne eine Verteidigung aus der Deckung heraus ermöglichte. Die Schießscharte kommt im deutschen Burgenbau erst nach 1250 (!) auf. Da sich ihre Form mit den Verteidigungswaffen (Pfeil und Bogen – Armbrust – Hakenbüchse – Geschütz) wandelte, läßt sie sich gut zur Datierung heranziehen.
Häufig werden Schießscharten mit Lichtschlitzen verwechselt. Letzteren fehlt allerdings die innenliegende Schießnische bzw. -kammer, die es dem Schützen ermöglichte, nah an die Schartenöffnung heranzutreten, um ein entsprechendes Schußfeld zu erhalten.

Schlüsselscharte
Schießscharte in Form eines umgedrehten Schlüssellochs. Entstanden aus der Schlitzscharte nach dem Aufkommen der Feuerwaffen um die Mitte des 15. Jahrhunderts. Während durch das Loch am Schartenfuß der Lauf der Waffe gesteckt wurde, diente der Schlitz darüber zum Zielen. Verwandt mit der Schlüsselscharte ist die Steigbügelscharte, die anstelle der runden eine halbkreisförmige Öffnung besitzt (Leuchtenberg).

Stauferzeit
Die Staufer waren ein schwäbisches Geschlecht, das von 1138 bis 1254 die deutschen Könige bzw. Kaiser stellte (Konrad III., Friedrich I./Barbarossa, Heinrich VI., Friedrich II., Konrad IV.). Die Stauferzeit gilt als Blütezeit des deutschen Rittertums. Damals entstand ein Großteil unserer Burgen.

Torbau
Es lassen sich mehrere Arten unterscheiden: das einfache Mauertor, das Torhaus, der Torturm (Kastl, Leuchtenberg) oder das Doppelturmtor (Wörth). Im späten Mittelalter nicht selten durch einen vorgelegten Torzwinger verstärkt (Burglengenfeld, Laaber).

Torkapelle
Über der Torhalle gelegene Kapelle. Ihr Zweck lag in ihrer apotropäischen Funktion: Angreifer sollten davor zurückschrecken, das Tor und damit zwangsläufig auch den darüberliegenden Sakralraum zu zerstören (Donaustauf, Vilseck).

Torsperren
Vorrichtungen zum Sperren der Toröffnung. Wichtigstes Element das ein- oder zweiflügelige Tor aus starken Holzbohlen, das außen zuweilen mit Eisenblech beschlagen war und auf seiner Rückseite durch den waagrechten Sperrbalken verriegelt werden konnte. Ein Fallgitter – es läßt sich anhand senkrechter Gleitrinnen im Mauerwerk nachweisen – war auf Oberpfälzer Burgen selten (Leuchtenberg).

Vorburg
Ummauerter Bereich, der Kernburg als Vorwerk vorgelegt und nicht selten durch einen Graben von ihr getrennt. Häufig befand sich in ihr der Wirtschaftshof.

Wallburg
Sie verkörpert den frühesten Burgentyp. Ihre Umwehrung bestand aus Erd- oder Steinwällen, die vielfach durch Holzeinbauten stabilisiert waren. Die Wallkrone trug meist eine Brustwehr aus Holz oder Flechtwerk.

Wehrgang
Offener, später gedeckter (= überdachter) Gang auf oder hinter der Mauerkrone, der die Abwehr eines Angriffs von erhöhter Stelle aus ermöglichte. Zur Deckung der Verteidiger besitzt der Wehrgang zunächst eine Brustwehr mit Zinnen, die vom 14 Jahrhundert an von Schießscharten abgelöst werden. Vielfach wurden Wehrgänge in Blockbauweise hergestellt.

Wohnturm
Freistehender Turm, der Wehr- und Wohnbau in einem war. Er konnte innerhalb einer größeren Anlage stehen (Burglengenfeld) oder nur von einer Mauer umschlossen sein (Ebermannsdorf). In diesem Fall spricht man von einer Turmburg. Als Wehrbau besaß der Wohnturm einen Hocheingang, kleine Fensteröffnungen sowie eine Wehrplattform mit Zinnenkranz bzw. ein Wehrgeschoß.
Die Wohnebenen waren übereinander angeordnet, so dass sich selbst bei einer nutzbaren Grundfläche von unter 20 Quadratmetern noch genügend Wohnraum ergab. Wohntürme aus Holz oder Stein sind bezeichnend für die Frühzeit des deutschen Burgenbaus (Salierzeit).

Zangenloch
Mittiges Loch auf der Vorder- und (nicht sichtbar) Rückseite eines Quaders. In die beiden Löcher griffen die scherenförmigen Arme der Steinzange, ein ab der Mitte des 13. Jahrhunderts verwendetes Hebewerkzeug zum Versetzen von Steinen. Sobald Zug von oben ausgeübt wurde, klemmte die Zange den Stein fest.

Zinne
Bis zum Aufkommen der Schießscharte bot allein sie dem Verteidiger Deckung. Um Angreifer zu bekämpfen, mußte er in die Zinnenlücke treten und war damit feindlichem Beschuß ausgesetzt. Gezinnte Mauern ermöglichten sowohl eine horizontale als auch eine vertikale Verteidigung.

Zugbrücke
Torbrücke mit einem feststehenden vorderen und einem beweglichen hinteren Teil, der sog. Brückenplatte. Manchmal befand sich an der Außenseite des Torbaus eine Mauerblende, in die die hochgezogene Brücke einfiel (Laaber).

Zweischaliges Mauerwerk
Bestehend aus einer inneren und einer äußeren Mauerschale (Verblendung) aus mehr oder weniger sorgfältig behauenen Werksteinen, zwischen denen sich das Füllwerk aus Steinbrocken in reicher Mörtelbettung befindet. Vielfach ist die Quaderverblendung geraubt, so dass heute nur mehr der Mauerkern übrig ist (Haimburg).

Zwingermauer/Zwinger
Der Hauptmauer vorgelagerte äußere Mauer, die eine gestaffelte Verteidigung ermöglichte. Der Raum zwischen den beiden Mauern wird als Zwinger bezeichnet. Hier waren Angreifer, die die äußere Mauer überwunden hatten, in ihren Deckungsmöglichkeiten und ihrer Bewegungsfreiheit stark eingeschränkt und konnten so leichter bekämpft werden. Eine Reihe von Oberpfälzer Burgen ist infolge der Hussiteneinfälle in den zwanziger und dreißiger Jahren des 15. Jahrhunderts durch Zwingermauern verstärkt worden (Leuchtenberg, Kallmünz).

VERWENDETE LITERATUR

- Böhme, Horst Wolfgang u. a.: Burgen in Mitteleuropa, Stuttgart 1999
- Boos, Andreas: Burgen im Süden der Oberpfalz. Die früh- und hochmittelalterlichen Befestigungen des Regensburger Umlandes. Regensburg 1998.
- Burgblick. Heimatkundliche Arbeiten des Fördervereins Alt-Lupburg und Umgebung. Kallmünz 2003.
- Burgen in Ostbayern. Ansichten aus fünf Jahrhunderten. Hrsg. v. Museum der Stadt Regensburg. Regensburg 1989.
- Conrad, Mathias: Burgruine Ebermannsdorf und: Schweppermannsburg in Pfaffenhofen. In: Der Eisengau, Band 11, Poppenricht 1999, S. 35–39 u. 66-70.
- Conrad, Mathias: Stauferzeitliche Toranlage mit Oberkapelle auf Burg Dagestein in Vilseck. In: Der Eisengau, Band 19, Poppenricht 2002, S. 61–75.
- Dehio, Georg: Handbuch der Deutschen Kunstdenkmäler. Band V: Regensburg und die Oberpfalz, bearbeitet v. Jolanda Drexler und Achim Hubel. München/Berlin 1991.
- Ernst, Bernhard: Burgenbau in der südöstlichen Oberpfalz. Eine Überschau vom Frühmittelalter bis zur frühen Neuzeit. Dissertation an der Otto-Friedrich-Universität Bamberg.
- Görgner, Dietmar / Hübl, Bernhard u. a.: Der Guttensteiner. Begleitbuch zum historischen Schwarzenburg-Freilichtspiel. Rötz 1996.
- Gotzmann, Werner (Hrsg.): Walter Höllerers Oberpfälzische Weltei-Erkundungen. Amberg 1987.
- Hauser, Georg: Heimatbuch der Stadt Windischeschenbach. Windischeschenbach 1991.
- Heigl, Rupert: Stockenfels im Regental. Von Kaiserburg zu Geisterschloß. Burglengenfeld 1983.
- Hensch, Mathias: Ein Herrschaftszentrum des 9. bis beginnenden 11. Jahrhunderts auf dem Nordgau. Die archäologische Erforschung der frühen Sulzbacher Burg – ein Überblick. In: Sulzbach und das Land zwischen Naab und Vils im frühen Mittelalter. Hrsg. v. der Stadt Sulzbach-Rosenberg 2003.
- Kaiser, Gustav u. a.: Heimat Neustadt an der Waldnaab. Neustadt a. d. Waldnaab 1993.
- Kallmünz, die Perle des Naabtals. Ein Führer durch Kallmünz, seine Geschichte und Kulturgeschichte. Überarbeitet und hrsg. v. Erich Laßleben. Kallmünz 1998.
- Kühn, Dieter: Neidhart und das Reuental. Eine Lebensreise. Frankfurt/M. 1996.
- Kühn, Dieter: Ich Wolkenstein. Eine Biographie. Frankfurt/M., neue, erweiterte Ausgabe 1980.
- Lang, Herbert: Aus einem alten Gästebuch der Burg Regenpeilstein. In: Rodinger Heimat. Schriftenreihe des Vereins für Heimatgeschichte und Heimatpflege e.V. Roding, Jahrgang 10, 1993, S. 186–191.
- Lang, Herbert: Burg und Schloß Regenpeilstein. In: Rodinger Heimat. Schriftenreihe des Vereins für Heimatgeschichte und Heimatpflege e.V. Roding, Jahrgang 11, 1994, S. 156–162.
- Moser, Günter / Wächter, Karl: Auf den Spuren von Rittern und Edelleuten im Landkreis Amberg-Sulzbach. Amberg 1992.
- Perlinger, Werner / Procházka, Zdeněk: Burgen im bayerisch-böhmischen Grenzgebiet. Zweisprachig deutsch/tschechisch. Furth i. Wald 1996.
- Piper, Otto: Burgenkunde. Bauwesen und Geschichte der Burgen. München, neue und verbesserte Ausgabe 1967.
- Pfistermeister, Ursula: Burgen und Schlösser in der Oberpfalz. Regensburg 1984.
- Pfistermeister, Ursula: Himmlische Ansichten. Oberpfalz im Luftbild. Amberg 1998.
- Rädle, Herbert / Enzmann, Günther: Burgen und Burgställe im Kreis Neumarkt. Ein Führer zu historischen Stätten. Neumarkt i. d. Opf. 2001.
- Rühmkorf, Peter: Walther von der Vogelweide, Klopstock und ich. Reinbek bei Hamburg 1975.
- Vohburger, Franz Joseph: Die Geisterburg Stockenfels. Regensburg 2002.
- Weithmann, Michael: Burgen und Schlösser in Bayern. St. Pölten/Wien/Linz 2003.
- Zeune, Joachim: Burgen, Symbole der Macht. Ein neues Bild der mittelalterlichen Burg. Regensburg 1996.
- Zeune, Joachim: Salierzeitliche Burgen in Bayern. In: Horst Wolfgang Böhme (Hrsg.): Burgen der Salierzeit. Teil 2: In den südlichen Landschaften des Reichs. Sigmaringen 1991, S. 177–232.

Wichtiger Internet-Hinweis:
www.burgenseite.de

BILDNACHWEIS

Konrad Ackermann: 18

Christian Bauer: 89 unten

Josef Forster: 26 links

Hotel Burg Wernberg: 39

Josef Kasseckert: 24, 28

Klaus Leidorf: 102

Günter Moser: 11, 13, 14/15, 17, 19, 21, 23, 25, 26 rechts, 27, 29, 31, 32/33, 35, 36, 41, 42/43, 44, 45, 46, 47, 49, 52, 53, 54, 58, 60, 63, 65, 67, 69, 71, 72/73, 75, 76, 77, 79, 80/81, 83, 84/85, 87, 89, 91, 92, 95, 97, 99, 101, 103, 105, 107, 109, 111, 112, 115, 117, 119, 121, 122, 127, 129, 131, 133

Museum der Schönen Künste, Budapest: 16

Othmar Perras: 110

Ursula Pfistermeister: 1, 7, 51, 57, 66, 68, 104

Georg Pickl: 92, 123, 124/125

Josef Schmaußer: 137

Staatl. Graphische Sammlung, München: 20

Stadt Rötz: 59

Stadtmuseum Regensburg: 2, 37, 40, 55, 61, 64, 82, 86, 88, 93, 101 unten, 113

Walter I.F.: Minnesänger, Band IV.: 120

Alexander Unger: 115 oben

Verlag J. H. Röll: aus „Reise, Rast und Augenblick": 50